学/者/文/库/系/列

汽车动力蓄电池拆解
序列规划研究

喻剑平　著

哈尔滨工程大学出版社
Harbin Engineering University Press

内 容 简 介

本书针对新能源汽车动力蓄电池循环利用的必要环节——拆解进行研究，以汽车动力蓄电池为研究对象，针对现有拆解信息模型难以用语义描述汽车动力蓄电池中含有破坏性连接方式的零件约束关系问题，提出了一种拆解本体和语义模型；针对人工拆解知识和经验应用于快速生成拆解方案问题，提出了基于案例推理/规则推理(CBR/RBR)的拆解序列生成方法；针对多人异步和人机异步两种拆解模式，对拆解序列优化问题进行了研究，分别以单个电池和批量电池拆解为出发点，以拆解时间为优化目标，构建了拆解优化模型，并采用改进的遗传算法求解了近似最优拆解方案。此外，本书围绕上述工作，开发了拆解序列优化云服务原型系统，实现了上述模型和方法的集成应用。

本书可供新能源汽车动力蓄电池拆解相关研究方向的研究生及科研工作者阅读，也可供新能源汽车动力蓄电池上、下游企业的从业者学习参考。

图书在版编目(CIP)数据

汽车动力蓄电池拆解序列规划研究／喻剑平著.
哈尔滨：哈尔滨工程大学出版社，2024. 9.
ISBN 978-7-5661-4539-0

Ⅰ. U469. 720. 3

中国版本图书馆 CIP 数据核字第 20248V0Z52 号

汽车动力蓄电池拆解序列规划研究
QICHE DONGLI XUDIANCHI CHAIJIE XULIE GUIHUA YANJIU

选题策划 邹德萍
责任编辑 关 鑫
封面设计 李海波

出版发行 哈尔滨工程大学出版社
社　　址 哈尔滨市南岗区南通大街 145 号
邮政编码 150001
发行电话 0451-82519328
传　　真 0451-82519699
经　　销 新华书店
印　　刷 哈尔滨午阳印刷有限公司
开　　本 787 mm×1 092 mm　1/16
印　　张 8. 25
字　　数 173 千字
版　　次 2024 年 9 月第 1 版
印　　次 2024 年 9 月第 1 次印刷
书　　号 ISBN 978-7-5661-4539-0
定　　价 39. 80 元

http://www.hrbeupress.com
E-mail：heupress@ hrbeu. edu. cn

前　言

加快汽车电气化转型是各国政府实现道路交通领域碳中和的重要举措之一。作为电动汽车的昂贵部件之一,汽车动力蓄电池(Automotive Traction Battery, ATB)的服务寿命是有限的。大量报废的 ATB 含有巨大的矿产资源,若回收处理不当就会成为污染源。循环利用报废的 ATB,如先梯级利用电池以延长使用寿命,后提取稀有金属材料用于新电池的生产,可促进循环经济的发展,是实现碳减排的途径之一。

拆解作为梯级利用电池和材料的必要环节,显得尤为重要。有效的拆解序列规划(Disassembly Sequence Planning, DSP)可提高拆解效率、资源利用率和拆解收益。近几十年来,寻找退役产品的最佳拆解序列是众多学者一直研究的热门课题。本书以 ATB 为研究对象,围绕拆解信息模型、拆解序列生成方法和序列优化进行研究,提出了一种新的拆解信息模型以及相应的 DSP 方法,主要包括以下研究内容:

(1)针对现有拆解信息模型难以用语义描述 ATB 中含有破坏性连接方式的零件约束关系问题,提出了一种拆解本体和语义模型。依据 ATB 的规格多样化、结构复杂化等特点,通过系统地分析 ATB 的组成结构和拆解过程,确定了拆解作业模式和揭示零件之间常见的非破坏性和破坏性连接方式;分析了 ATB 的装配特征,对 ATB 的零件重新定义,使之适用于对破坏性连接方式的零件约束关系的描述;剖析了连接方式、装配约束与拆解顺序的映射关系,依据 ATB 的装配约束关系和连接关系构建了一组基于连接件和功能零件的拆解约束矩阵。通过本体中的类、对象属性和数据属性,对这组拆解约束矩阵和拆解实例进行语义描述,构建了拆解本体和语义模型,为 ATB 的拆解序列生成和优化提供理论和方法基础。

(2)针对人工拆解知识和经验应用于快速生成拆解方案问题,提出了基于案例推理/规则推理(Case-based Reasoning/Rule-based Reasoning, CBR/RBR)的拆解序列生成方法。依据拆解约束矩阵,制定了功能零件和连接件的拆卸可行性判定规则;利用判定规则,引入环境与安全约束,设计了一种优先法线方向拆解的异步-并行-局部破坏性-混合拆解序列生成方法。通过拆解语义模型构建拆解案例库,提出了基于 CBR 的拆解序列生成方法,匹配案例的拆解方案可直接指导 ATB 拆解;通过设计的局部破坏性拆解规则和拆解工具选择规则构建拆解规则库,提出了基于 RBR 的多人异步和人机异步拆解序列生成方法。针对人机拆解任务分配影响因素多、层次关联复杂的问题，提出了一种基于零件自动化潜力评估的人机拆解任务分配方法，实现对人机拆解任务的合理分配。

（3）针对多人异步和人机异步两种拆解模式，对拆解序列优化问题进行了研究。在充分分析单个零件的拆解时间组成的基础上，引入等待策略，以拆解单个 ATB 为出发点，提出了一种基于单个 ATB 拆解时间的数学优化模型，并采用改进的遗传算法求解了近似最优拆解方案。以批量拆解 ATB 为出发点，考虑人员疲劳度对人机拆解效率的影响，以批量拆解总时间为优化目标，构建了基于疲劳-恢复模型的数学优化模型。通过实例求解了两种优化模型的近似最优拆解方案，并采用数值实验分析了最大疲劳水平对基于疲劳-恢复模型的数学优化模型的影响。

（4）围绕上述工作，开发了 DSP 云服务原型系统，实现了上述模型和方法的集成应用；分析了系统的需求和功能，构建了系统的体系架构，对系统的主要功能模块进行了研究，并结合案例对系统的应用情况进行了阐述。

目　　录

第1章　绪论 ……………………………………………………………… 1

1.1　课题研究背景 ………………………………………………… 1

1.2　国内外研究现状分析 ………………………………………… 4

1.3　本书的研究目的和意义 ……………………………………… 10

1.4　本书的主要研究工作 ………………………………………… 11

第2章　汽车动力蓄电池的拆解本体信息模型 ………………………… 13

2.1　拆解知识和拆解过程分析 …………………………………… 13

2.2　装配特征分析 ………………………………………………… 24

2.3　拆解约束矩阵 ………………………………………………… 27

2.4　拆解本体信息建模 …………………………………………… 29

2.5　本章小结 ……………………………………………………… 34

第3章　基于CBR/RBR的汽车动力蓄电池拆解序列生成方法 ………… 36

3.1　拆解序列生成方法框架 ……………………………………… 36

3.2　零件拆卸可行性判定规则 …………………………………… 38

3.3　异步-并行-局部破坏性-混合拆解可行序列生成方法 ……… 39

3.4　拆解规则 ……………………………………………………… 43

3.5　基于CBR的拆解序列生成方法 ……………………………… 46

3.6　基于RBR的拆解序列生成方法 ……………………………… 48

3.7　实例验证 ……………………………………………………… 59

3.8　本章小结 ……………………………………………………… 72

第4章　汽车动力蓄电池拆解序列优化方法 …………………………… 73

4.1　多人异步拆解序列优化方法 ………………………………… 73

4.2　人机拆解序列优化方法 ……………………………………… 78

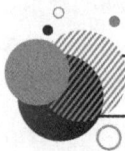

4.3 案例分析与讨论 ·· 83

4.4 本章小结 ·· 94

第5章 汽车动力蓄电池的拆解序列规划云服务原型系统 ·················· 96

5.1 系统需求分析和功能性分析 ································ 96

5.2 系统体系架构 ·· 100

5.3 系统主要功能模块 ·· 103

5.4 本章小结 ·· 109

第6章 结论与展望 ·· 110

6.1 结论 ·· 110

6.2 展望 ·· 111

参考文献 ·· 113

第1章 绪　　论

1.1　课题研究背景

1.1.1　汽车动力蓄电池拆解的重要性

二氧化碳（CO_2）作为人类活动排放的温室气体之一,是导致气候变化的主要原因[1]。1992 年联合国环境与发展大会提出了"可持续发展"理念,并指出减缓温室气体浓度增长、减少 CO_2 排放是国际社会共同的责任和义务。全球越来越多的政府正在将碳中和目标纳入国家战略,但具体目标有所区别。如欧盟于 2020 年 3 月承诺在 2050 年实现气候中和;美国加州和我国分别制定了 2045 年和 2060 年碳中和目标[2],美国加州降低或中和包括 CO_2、甲烷（CH_4）在内的所有温室气体的排放,而我国仅针对 CO_2[3]。由于发展阶段不同,发达国家基本都实现了碳达峰,并延续以前的减排斜率以实现碳中和。而我国碳排放总量持续上升,需要向上走到 2030 年的碳达峰,然后向下走到 2060 年的碳中和（图 1-1）。从图 1-1 中可看出,我国完成任务的时间更仓促,减排斜率更大。可见,我国的碳减排实现难度很大,面临众多技术挑战。

据国际能源机构（International Energy Agency,IEA）统计,2018 年全球 CO_2 排放量为 335 亿 t,其中交通领域的 CO_2 排放量约为 83 亿 t,占比约为 25%,位居第二。而在交通领域中,道路交通是碳排放的核心来源,2018 年的 CO_2 排放量占比为 74%。根据 IEA 的数据,在全生命周期内,纯电动汽车（Blade Electric Vehicle,BEV）的 CO_2 排放量约为 20 t,而燃油车约为 42 t。这种差异是因为 BEV 的最终能源转换效率约为燃油车的 2 倍[4]。因此,汽车电气化转型已成为全球实现道路交通领域碳中和的重要举措之一[5]。我国是全球第一大汽车生产国和消费国,2021 年的新能源汽车（New Energy Vehicle,NEV）销售量为 299 万辆,较 2020 年同比增长 169%。全球 NEV 销售量近 650 万辆,较 2020 年同比增长 108%[4]。据我国汽车工业协会统计,2021 年我国 BEV 保有量为 640 万辆,较 2020 年同比增长 160%,占 NEV 总量的 81.63%。大量的电动汽车(Electric Vehicle,EV)将导致数年后有大规模的 ATB 报废。据统计,2020 年累计报废的 ATB 达 25 GWh(20 万 t),预计 2025 年我国需要回收的 ATB 容量将达到 137.4 GWh,比 2020 年的 5 倍还多。一块 20 g 的电池足以污染 1 km² 的土地 50 年之久,而一块 ATB 的质量可达 500 kg,且 ATB 存在高压危害、火灾爆炸危险以及有毒有害物质,如果处理不当,其污染程度远超燃油车。因此,大量的退役 ATB 既是一座巨大的矿山,也是一座危险的"火山",它们的回收处理面临着重大挑战[6]。

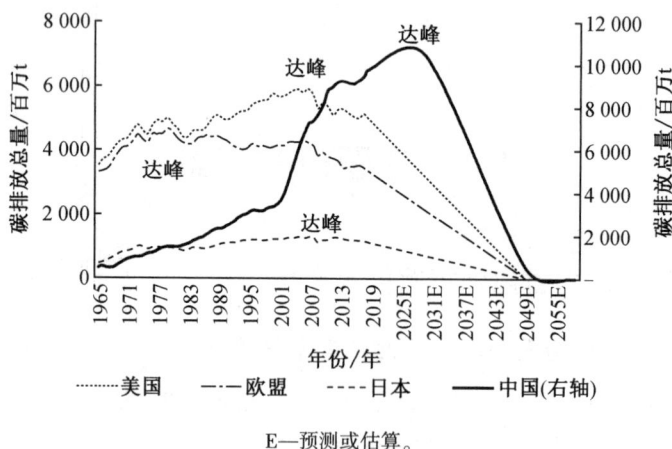

E—预测或估算。

图 1-1 重点国家的碳排放总量情况[3]

实现碳中和目标的措施之一是碳减排。而循环经济作为碳减排的手段之一,是循环利用资源的一种经济活动。根据艾伦·麦克阿瑟基金会的研究,循环经济可降低 45% 的 CO_2 排放量,即大力发展循环经济,对碳减排具有重要意义。ATB 作为 EV 的昂贵部件之一,从 EV 上退役下来后,还有着极大的循环开发再利用潜能,也就是可供梯级利用。所谓梯级利用是指将电池拆解成模组或单体,重新评估和重组,根据电池容量衰减程度决定二次使用的不同应用场景[7]。ATB 主要用于通信基站、电网等场景的储能,还可以作为景区、高尔夫球场等场所中短距离低速电动车的原动力。梯级利用 ATB 可延长其使用寿命。对于达不到梯级利用标准的 ATB,可以通过拆解提取电池中钴、锂、镍等昂贵的金属材料[8],用于新电池的生产,实现资源的循环利用,从而提高资源利用效率,达到效率变革的目的。因此,先梯级利用后再生利用的处理方式可以最大限度地获取 ATB 的资源,减少环境污染和满足人们对新资源的需求[9-10],促进全球循环经济的发展。这是全球亟须认真考虑的内容。

拆解对产品的回收具有引导性[11]。它可以通过一系列的操作从生命周期结束(End of Life,EOL)产品中提取有用的零部件和材料,其优点如下:(1)可以实现 EOL 产品的资源回收。(2)部分组件可重复使用,延长组件的使用寿命。(3)对含有有毒有害物质的部件单独处理,降低对人类的伤害和对环境的污染。为了高效利用 ATB,

拆解成为一个必要且重要的步骤[12]。我国近年来非常重视 ATB 回收利用的发展,出台了一系列的回收利用政策,涉及拆解规范、拆卸要求、梯级利用、信息溯源等方面[13]。其中,国家标准 GB/T 33598—2017[14]规定了电池包/模组拆解工作的总体要求、作业程序及存储和管理要求,适用于电池包/模组的拆解,不适用于电池单体的拆解。GB/T 34013—2017[15]规定了电池单体、模组和电池包(标准箱)的规格尺寸。GB/T 34014—2017[16]规定了电池编码的对象、代码结构组成等。这些标准的制定,为 ATB 的梯级利用和拆解提供了很大便利和保障。

但是,ATB 的拆解面临很多挑战,主要为:(1)电池包/模组没有设计标准,造成电池类型、尺寸、装配结构多样,因此拆解方法、拆解过程难以规范化、系统化。(2)ATB 中有高电压、阴极涂层材料以及电解液,因此拆解 ATB 时可能导致触电、爆炸以及释放有毒气体,危害人身安全[17]。(3)如果使用过的电池包出现变形、腐蚀等缺陷,将会影响拆卸任务的执行。此外,单体之间的连接方式一般为焊接,如果单体切割时定位不准确,刀具可能穿透单体,造成电解液外溢或引发爆炸事故[18]。因此,人工拆解 ATB 不仅成本高而且危险性高,以致 ATB 的回收不可持续[19]。由于电池种类繁多,电池缺陷千差万别,因此目前对电池实施自动化拆解非常困难。如果使用机器视觉技术,识别不同规格的电池和组件的实际状态,并将人工拆解知识运用到拆解系统中,自动生成最优的拆解任务方案,则可解决挑战(1)。如果采用人机拆解 ATB,满足拆解过程灵活性的同时,让机器人执行简单、重复和危险的拆解任务,则可解决挑战(2)。如果利用先进的视觉识别技术和控制技术调整切割部位,实现精准切割操作,则可解决挑战(3)。因此,将人工智能技术和人机协作方式应用于拆解系统可以提高电池拆解的自动化程度和安全性,克服上述挑战。

为了应对大规模异构 ATB 的退役浪潮,2021 年,我国民政部出台了团体标准 T/DZJN 35—2021[20],规定了退役 ATB 智能拆解技术与装备的总体要求,但不适用于电池单体的拆解。目前各大企业和科研院所都处在研究 ATB 智能拆解技术的初级阶段。2021 年,格林美动力再生公司研制了一套退役动力电池包柔性智能拆解系统。该智能拆解系统可兼容 20 余种结构和拆解工艺相似的动力电池包,人机协作完成电池包上盖螺丝、密封胶、铜排、冷却管、传感器线束等的智能拆解作业。

综上所述,随着退役 ATB 数量的增多,研究多类别、多规格 ATB 的智能化、柔性化拆解,不仅可以实现对电池的资源再利用,延长零部件或产品的使用寿命,还可以节约自然资源和遏制废弃物的泛滥,减少污染物对生态环境的影响,因此这也是全球循环经济发展和碳中和的重要措施之一。

1.1.2 汽车动力蓄电池拆解的研究内容

拆解是解除零件之间的连接约束,将一个产品/子装配体拆分成多个零部件,并对这些零部件分类的生产过程。拆解时根据需求确定拆解深度,当拆解需求得到满足时结束拆解过程,并不需要将产品全部拆成不能再拆的零件。这些拆解需求如将某个或多个目标零件拆除,可达到最短拆解时间,最小拆解成本、拆解能耗,最大拆解收益等优化目标。需要指出的是,拆解与拆卸是不同的。拆解由一组拆卸操作/任务组成,是针对产品/子装配体而言的;而拆卸是指单个拆除操作/任务,不是一个过程,是针对零部件而言的。

自 2018 年开始,ATB 逐步大规模退役[21]。学者们于近几年开始从以下几个方面研究 ATB 的拆解:回收决策和评估[8,22-24]、辅助拆卸工具[25-27]、智能拆解[18,28-32]和拆解序列规划(DSP)。其中智能拆解研究的重点是人机协作拆解工作站的设计与实现,以及采用先进技术设计智能拆解系统。例如,Weyrich 等[18]设计了一种基于视觉的智能拆解系统框架,该框架包括识别待拆零部件和获取拆解信息、规划拆解顺序和路径,以及机器人实施拆解。Zhou 等[28]研究了机器人自动拆解系统,该系统包括产品信息识别系统、DSP 和机器人自动拆解流程,解决了拆解效率低的问题。通过这些研究可知,DSP 依然是智能拆解的一个重要研究内容。然而关于 ATB 的 DSP 研究成果很少。例如,Wegener 等[33]提出了一种优先级矩阵,可人工导出可行的拆解序列。Ke 等[34]建立了一种框架-子群结构,采用混合拆解矩阵和改进遗传算法(Improved Genetic Algorithm,IGA)优化拆解序列。任伟等[35]开发了一套基于神经符号的任务和运动规划系统[35]。目前,对 DSP 的研究多关注于提高优化算法的效率,但 DSP 本质上是一个需要人类的工程知识和经验的过程,所以对完美的数学优化理论的偏执并不是最终解决问题的方法[36]。

综上所述,DSP 作为综合考虑资源和环境影响的产品生命周期末端处理技术和可持续制造技术,是从源头解决 ATB 回收利用的有效手段,是 ATB 拆解的重要研究内容。而将人工拆解知识和经验应用于 ATB 的 DSP 研究中,是一个新的研究思路。

1.2 国内外研究现状分析

自 20 世纪 90 年代以来,随着人们环保意识的增强,DSP 得到广泛的关注,并且相关研究成果丰硕。表 1-1 统计了在国际期刊上发表的关于 DSP 问题的综述论文(1998—2021 年)。针对 DSP 问题重点研究 3 个方面:拆解信息模型、评价方法(优化目标)和序列优化算法。从这些综述论文中可以总结出,初期研究拆解建模、评价方法和精确求解方法等理论体系;待理论体系成熟后,随着 DSP 问题规模逐渐变大,拆解数学模型也逐渐变得复杂,学者们多关注智能优化算法的求解效率;而近几年,将云计算、人工智能、人机协作等技术融合到拆解系统的研究中已成为研究 DSP 问题的趋势[40-42]。

表 1-1 在国际期刊上发表的关于 DSP 问题的综述论文

发表年份/年	作者	未来研究趋势
1998	O'Shea 等[37]	开发一个强大而有效的拆解规划方法
2002	Tang 等[38]	开发自动化拆解系统;从拆解到再装配的整个过程
2003	Lambert[39]	构建一个结构化的拆解理论,完善拆解信息模型和优化目标
2013	Wang 等[36]	将人的工程知识和经验应用到拆解规划中
2018	Zhou 等[40]	并行和部分/并行拆解;人机协同拆解
2020	Guo 等[41]	构建适合并行拆解的信息模型;将新技术深入融合到智能拆解系统中
2021	Ong 等[42]	针对不同类型 DSP 的通用方法;让决策者参与到序列优化过程中

根据不同的拆解对象,选择合适的拆解作业模式是 DSP 的第一步[2]。现有的拆解作业模式可以分为 3 类:(1)完全/部分(或选择)拆解。(2)顺序(或串行)/并行拆解。(3)非破坏性/破坏性拆解。3 种拆解作业模式的适用场景如表 1-2 所示[40,42]。根据 Ong 等[42]统计,2008—2020 年期间发表的 DSP 研究文献中,5.5%的研究涉及破坏性拆解问题,9.9%的研究涉及并行拆解问题,52.8%的研究集中于部分拆解问题。由此可知,研究并行和破坏性 DSP 问题的文献会更少。

本节从拆解信息模型、拆解序列生成方法以及拆解序列优化方法 3 个方面进行讨论。

表 1-2 拆解作业模式的适用场景

拆解作业模式	适用场景	参考文献
完全拆解	一般用于 EOL 产品。将每个部件分离;分类容易,但拆解时间较长,成本较高	[43-54]
部分拆解	只提取某些部件,同时保留其余部件的完整,一般用于更换和维修的情况。用于回收情况时,是为了减少拆解时间,降低成本	[55-67]
顺序拆解	一次分离单个部件,适用于中小型的产品	[43-46,49,51-52,54-56,59-63,65-66]
并行拆解	一次分离多个部件,可以减少拆解时间,适用于大型复杂的产品	[47-48,50,53,57-58,64,67]

表 1-2(续)

拆解作业模式	适用场景	参考文献
非破坏性拆解	适用于产品生命周期的所有阶段,对零件进行再利用或再制造	[43-54,56-65]
破坏性拆解	适用于某部件需要破坏其他部件才能分离或非破坏性拆解的成本高于破坏性拆解的情况。破坏性拆解是不可逆的,被破坏的部件只能进行材料回收	[55,66-67]

1.2.1 拆解信息模型

拆解信息模型是以结构化的形式表示产品和拆解信息,是研究 DSP 的基础[68]。要想构建一个自动化拆解系统,一个完整、开放的拆解信息模型需在指定领域中提供一个可共享、可扩展和有组织的信息结构[69]。目前广泛使用的模型主要有两类,占比70%以上(在所有关于 DSP 的已发表论文中)[40]。一类是基于图的模型,它可以直观表示所有可行的拆解序列。Ren 等[70]采用拆解优先图建模,用优先矩阵表达零件间的优先关系。Tian 等[71]采用 AND/OR 图建模,并用 4 个矩阵描述了零件之间的优先与/或关系。另一类是基于矩阵的模型。例如,Smith 等[72]利用 4 个矩阵只表示相邻零件间的几何约束和拆卸方向,无须表示所有零件间的几何约束,大大减少了计算的时间和空间。Rickli[73]采用优先矩阵、成本矩阵和环境影响矩阵分别描述了拆解操作的可行性、成本和环境影响。Tao 等[74]建立了一种由 4 个子矩阵组成的动态拆解优先矩阵以描述零件之间的关系和拆解方向,但拆解方向需要编码才能使用。虽然以上两类模型应用广泛,可以很好地表示零件之间的拆解优先关系和连接关系。但它们有一些局限性,缺少拆解领域的概念、关系等数据语义,导致难以重用过去成功的拆解方案和扩展这些拆解知识,也难以表示拆解工具等其他语义信息。而且,当拆解方案缺少拆解方向和拆解工具信息时,会降低拆解方案自动执行的可能性。

基于此,学者们定制了一些拆解信息模型来包含额外的信息。例如,拆解信息模型(Disassembly Information Model,DIM)可以表示产品、工艺、模糊和退役等知识[75-76];拆解语义模型(Disassembly Semantic Model,DSM)可以表示产品层次结构、装配关系、拆解案例、拆解规则和拆解成本等知识[77],但缺少拆解工具等信息;产品本体模型(Product Ontology Model,POM)可以表示产品层次结构、连接和约束关系、拆解规则和拆解工具选择规则等知识[78],但不能重用现有产品的拆解方案。以上模型在拆解领域采用本体构建了可共享、可扩展的信息结构,但 DIM 是一种通用拆解模型,结构复杂,还有许多方面需要完善,而 DSM 和 POM 是面向机电产品的拆解模型,其拆解规则只适用于非破坏性拆解方式的产品。

ATB 包中的高附加值零件为模组和单体。电池包中除了存在非破坏性连接方式,还存在一些破坏性连接方式。例如,单体常常被焊接在导电母排上;模组用螺栓固定,和模组相连接的电缆用扎带固定;模组与底壳之间用胶剂固定。针对这类含有破坏性连接方式的零件(Unable to be Disassembled Theoretically Parts,UDT 零件)[55]的电池,需采用局部破坏性方式才能拆除。然而,大多数学者重点研究非破坏性拆解[72,74,77-78],其研究成果(拆解信息模型和拆解规则)难以指导 ATB 拆解。

1.2.2 拆解序列生成方法

众所周知,人类在拆解过程中灵活性高,能够应对各种不同的情况。而将人类的工程知识和经验融合到拆解规划系统中,可提高拆解系统的智能化程度。人类的工程知识和经验中存在的很多语义知识是无法用数据表示的。而本体可以用来建立概念模型和表达语义知识,已广泛应用于决策系统、装配规划、系统工程等领域[79-86]。本体可以统一和管理不同生命周期阶段的工程信息和数据,构建一个有组织的、互联的知识系统[87]。Merdan 等[88]提出了一个基于本体的自动拆解系统,该系统集成了基于分布式多智能体的机器控制以及基于视觉的实时路径规划和机器人自动化。Jiang等[78]采用本体和本体规则表示和扩展了拆解知识。但他们没有重用现有的技能和经验在内的拆解案例,没有充分发挥拆解知识的价值。为了促进待拆解产品快速生成拆解任务,采用 CBR 的方法对存储的拆解案例进行检索和重用。以下研究揭示了本体与 CBR 的结合,实现了案例知识的重用。Park 等[89]采用模糊推理表示本体中存储的案例,提出了一种船舶避碰推理系统。Bouhana 等[90]设计了一种基于本体和 CBR 的信息检索系统,实现城市货运用户的行程搜索。Camarillo 等[91]结合本体、CBR 和产品生命周期管理(Product Lifecycle Management,PLM),提出了一种解决生产企业制造问题的多智能体系统。当缺乏匹配的案例时,可采用 RBR 的方法提高知识的重用性。Yang 等[92]设计了一种基于本体和 CBR/RBR 的 3 层代理机制,实现解决方案的查询和预测。Xu 等[93]提出了一种基于本体和 CBR/RBR 的装载机故障诊断方法。强韶华等[94]构建金融事件本体,提出了一种基于 CBR/RBR 的推理模型。以上研究揭示了本体与 CBR/RBR 相结合的方法的有效性,可以实现知识的集成、重用和推理。

已有学者将基于本体和 CBR/RBR 的方法应用于拆解序列的生成。例如,Chen等[77]依据拆解案例快速获取匹配的拆解方案,当待拆解产品与备选案例不完全相同时,需进行修正和调整得到满意的拆解方案;当缺少匹配的备选案例时,基于 CBR 的拆解序列生成方法无效,则依据本体规则生成多个拆解序列可行解。文献[77]提出的可行拆卸序列迭代生成方法优先对+Y 方向拆解,且先拆解连接件,后拆解功能零件。其拆解方案包含拆解序列和拆解方向,本体规则适用于非破坏性-选择性拆解的机电产品。文献[77]提出的可行拆卸序列生成方法定义了锚零件和边界零件,没有指定可拆卸零件或子装配体的拆解方向(有多个可拆解方向时)。其拆解方案包含拆解序列、拆解方向和拆解工具,本体规则适用于非破坏性-选择性拆解的机电产品,但没有采用基于 CBR 的拆解序列生成方法。

随着"工业 4.0"、《中国制造 2025》战略的部署,为了提高工作效率、降低劳工成本,人机协作成为顺应时代潮流的先进制造模式。2016 年,协作机器人的安全规范标准 ISO/TS 15066 发布,人机协作完成制造任务变为可能。人机协作备受国内外学者的广泛关注,但其潜能还需深度挖掘[95]。人机协作制造的研究方向主要包括:人机安全问题[96-100]、人机交互接口[101-103]、装配领域的人机协作[104-107]。对废旧产品回收利用的关键环节——拆解,人机协作方面的研究尚处于起步阶段。Liu 等[108]以人-机器人协同拆解为主题,探讨其对经济、环境和社会可持续发展的贡献。Gerbers 等[29]开发了一个人机协作的电池原型拆解系统,包括混合工作站、传感器技术、算法和工具。在 ATB 的拆解过程中,许多简单、重复的拆解操作如果由机器人执行,可以降低成本,提高拆解效率和安全性[28]。一些学者研究了拆解电池时可以由机器人执行的操作。Wegener 等[33,109]提出了一个人机协作的混合工作站,采用机器人执行如拧开螺钉这类简单、重复的操作。Kay 等[19]对机器人抓取和切割电池模组进行了评估和测试,验证了机器人拆解电池模组的可行性。

当前 DSP 研究的操作执行者都是人或机器,不存在能力差异,不需要单独对拆解任务进行分配。而当操作执行者为一人和一机器人时,需要结合人和机器人各自的优势统一分配任务(或零件)后再进行拆解序列优化。文献[110]和[111]对自动化和工人拆卸难度各自的影响因素进行评价后再对拆解任务进行分配。其中,自动化拆卸难度影响因素涉及操作不确定性、操作变化性、工具要求、运动可达性、操作复杂性,工人拆卸难度影响因素涉及工人情绪、疲劳水平、操作姿势、潜在危害性。Parsa 等[112]提出的零部件拆解任务分配方法涉及 2 个方面,即零部件本身和拆卸过程,主要包括 8 个属性:部件尺寸、部件质量、部件形状、工具要求、可及性、操作复杂度、定位精度和操作力。李凯[113]提出的零部件自动化拆卸潜力评估标准涉及 3 个方面(零部件本身、拆卸过程、人机协作环境)共 11 个属性。零部件本身的属性包括尺寸、形状、质量、易碎性。拆卸过程的属性包括拆卸方向变换次数、拆卸阻力大小、拆卸方式以及运动可达性。而人机协作环境的属性包括尖锐工具是否有碰撞风险、疲劳积累程度以及化学危险性。以上研究在进行任务分配时主要考虑了废旧零件本身(尺寸、质量、形状)、工具要求、运动可达性、操作复杂度、疲劳水平和安全性,没有考虑技术的可行性和经济性,而这些是在任务分配时应重点考虑的因素。针对汽车锂离子电池系统,Herrmann 等[22]提出的拆卸操作自动化潜力评估标准涉及 4 个方面(零部件本身、拆卸过程、安全性和经济性)共 23 个属性。这 23 个属性用来评估 2 项指标:拆卸过程自动化的技术能力(Technical Ability of a Disassembly Process to be Automated,TAA)和相应拆卸操作自动化的必要性(Necessity to Automate the Corresponding Disassembly Operation, NA)。在此基础上,Hellmuth 等[8]对拆卸操作自动化潜力较弱的类似的属性进行了整合,简化了评估,得到了一个包含 10 个相同权重的简单属性,像简单的抓取操作、拧松螺钉操作的自动化潜力分数较高,适合机器人执行。本书将文献[8]开发的 ATB 拆解自动化潜力评估标准用于拆解任务分配。

1.2.3 拆解序列优化方法

DSP 相关文献中常见的优化目标是最小化拆解成本和用最短时间,最小化拆卸方向和工具更改,最小化环境成本,最大化产品回收价值和最大化拆卸利润[42]。随着全球碳中和趋势的发展,最小化能耗是一个越来越重要的优化目标[42]。对于并行 DSP 相关文献,最常见的优化目标是使拆解时间最短[47,70,115-117]。文献[47]和[115]将单个零件的拆解时间设置为拆解单个零件的主要操作时间,忽略了工具更换、拆解方向变换等辅助操作时间。文献[70]和[116]均将单个零件的拆解时间设置为拆解完工时间。以上文献要么忽略了单个零件的辅助拆解时间,要么将拆除零件的辅助操作时间和执行时间统一设置为拆解完工时间。Xing 等[117]将单个零件的拆解时间分为执行时间和准备时间(包括拆卸位置切换时间和准备拆解工具的时间),提出了一种利用等待时间的时间重叠策略,通过细化单个零件的拆解时间来减少产品拆解时间。

拆解序列优化除了需要考虑技术、经济和环境对序列的优化,还需要考虑人对序列的影响。尤其在人机拆解过程中,机器人可以保持一定的拆解效率一直工作,而拆解工人随工作时间增加,身体机能降低,工作效率也会下降。可见,人员疲劳水平对工作效率的影响是不可忽视的。研究人员疲劳水平的文献很多,如 Hawkins 等[118]提出了一种基于纤维的肌肉疲劳模型;Li 等[119]采用脑电信号构建了人员疲劳水平的模型;Chen 等[120]利用手臂肌肉的代谢能量消耗量来量化拆卸任务的疲劳程度,若想缓解疲劳,工人可以休息一段时间再工作;文献[121]提出了一种描述各种载荷条件下的肌肉激活、疲劳和恢复的数学模型;Glock 等[122]构建了一个疲劳恢复模型,以考虑人为因素对箱子包装和搬运的影响。在生产过程中,引入学习可以缓解疲劳,提高系统的性能。Jaber 等[123]提出了一个学习遗忘疲劳恢复模型,并量化了工人的肌肉疲劳和生产产出之间的数学关系;Givi 等[124]量化了在学习、遗忘和疲劳恢复的影响下进行装配工作时的人为错误率。在实际拆解过程中,对同一类产品,拆解工人先学习拆解流程,之后进行批量拆解,一般不会中途再学习。所以本书采用文献[123]提出的疲劳-恢复模型,在对 ATB 进行序列规划时定量描述人员疲劳-恢复水平对拆解效率的影响,有助于减轻过度疲劳造成的危害。

1.2.4 研究现状总结

通过上述对国内外研究现状的分析可知,DSP 研究已取得丰硕的成果,这些成果

9

为本书的研究提供理论和方法支撑,但目前的研究还有些不足:

(1)由于 ATB 的自身结构特点,需要多人同时拆解,部分零件还需要使用破坏性拆解方式,而大多数学者主要集中研究顺序-非破坏性 DSP 问题,其研究成果难以应用于 ATB,且很少有学者研究并行-局部破坏性 DSP 问题。

(2)现有的拆解信息模型存在一定的局限性,难以描述拆解方向和拆解工具信息,不适用于破坏性拆解的产品。ATB 的组成结构中存在非破坏性和破坏性连接的零部件,现有的拆解信息模型难以全面、具体地描述零件之间的装配约束关系和层次结构,以致难以生成所有可行的拆解方案。

(3)对 DSP 的研究多关注于提高优化算法的效率,而忽略了人工拆解知识和经验对 DSP 的重要性。另外,ATB 的拆解知识众多,但使用所有的信息是没有必要的。根据产品不同阶段的数据特征合理运用相关知识,遵循精简使用原则,快速生成拆解序列可行解才是提高 DSP 效率的关键。

(4)人机拆解是提升 ATB 拆解效率、降低劳工成本的一种先进制造模式。不同于一般的并行序列规划,人机 DSP 需定量描述人和机器人拆解零件的多种影响因素与任务分类之间的耦合关系,从而合理分配拆解任务。批量拆解 ATB 时,还需量化人体工程学因素(人员疲劳水平)对 DSP 效率的影响,避免过度疲劳对人体和工作造成伤害,使得人机拆解 ATB 可以顺利实施。

基于此,本书以 ATB 为研究对象,从人工拆解知识和经验的角度出发,对并行-局部破坏性 DSP 问题进行研究:从产品组成结构和拆解过程特性出发分析零件的常见连接方式;从产品的装配特征出发剖析不同连接方式、装配约束和拆解顺序之间的关联,构建能描述零件约束关系的拆解约束矩阵;采用本体对这组拆解约束矩阵和拆解实例进行规范化、语义化描述,构建拆解本体语义模型。在此基础上,本书结合 CBR/RBR 方法,对拆解序列生成和优化进行研究。

1.3　本书的研究目的和意义

研究 ATB 的 DSP 方法是解决 ATB 回收利用问题的重要手段,对 EV 碳减排目标的完成起到重要的促进作用。但是,相比于其他废旧产品,ATB 作为一种电化学产品,涉及多学科交叉领域,系统复杂度和危险性都更大,使得对 ATB 的 DSP 相关问题的研究,尤其是拆解信息建模要复杂和困难得多。目前对于 ATB 的拆解信息建模、拆解序列生成和优化方面的研究还相对滞后。

本书的研究目的是通过研究多规格异构 ATB 的组成结构和拆解过程特性,分析零件连接方式与装配约束的映射关系,从而揭示零件结构和约束信息与拆解顺序的映射关系,并在此基础上构建 ATB 的拆解本体语义模型,设计基于 CBR/RBR 的拆解序列生成方法和优化方法。本书的研究意义如下:

(1)拆解信息模型是成功生成所有可行拆解序列的关键,其表示方式直接影响拆解序列搜索的效率。本书分析影响零件拆解顺序的诸多因素和因素之间的耦合关系,采用精简的矩阵描述产品层次结构和零件约束关系,并在此基础上,构建可共享和扩展的拆解本体,实现人工拆解 ATB 知识和经验的语义化表达,为解决并行-局部破坏性 DSP 问题提供重要的理论基础。

(2)将人工拆解知识和经验用于构建拆解案例库和规则库,考虑多人异步拆解和人机异步拆解两种模式,实现基于 CBR/RBR 的拆解序列生成方法,有利于 ATB 拆解知识的进一步有机集成,为拆解企业信息化提供支撑;同时,也有助于扩展 ATB 拆解知识的适用领域和范围。

(3)基于多人异步拆解产品完工时间的序列优化方法可将等待策略引入单个零件拆解时间组成分析,有利于从单个产品层面上实现拆解序列的优化,也有助于拆解企业提升拆解效率。基于人机异步拆解产品完工时间的序列优化方法可对人员疲劳水平对于拆解效率的影响进行集成分析,有利于在批量产品层面上实现拆解序列的优化,也有助于拆解企业通过微调拆解作业方案降低职业疾病发生的概率。

(4)集成上述模型和方法,开发 ATB 的 DSP 云服务原型系统,可作为一种实现 DSP 资源统一管理与整合的实用工具,为 ATB 生产企业、拆解企业与科研院所提供低成本、高附加值的拆解服务;有助于电池产业链的循环经济发展和可持续发展。

1.4　本书的主要研究工作

本书分为 6 章,各章主要内容如下:

第 1 章:首先,阐述了本书研究的课题来源、研究背景和意义。其次,综述了 ATB 的 DSP 相关问题的研究现状,并总结了当前研究的不足。最后,简述了本书的主要研究工作和组织架构(图 1-2)。

第 2 章:研究了 ATB 的拆解本体信息模型。首先,分析了 ATB 的组成结构,确定了拆解作业模式,结合 ATB 的拆解过程和装配特征分析了零件之间常见的连接方式和装配约束。其次,剖析了零件连接方式、装配约束对零件拆解顺序的映射关系,建立了一组基于连接件和功能零件的拆解约束矩阵,以适用于局部破坏性拆解方式的产品。最后,针对人工拆解知识和经验的语义表达问题,构建了 ATB 拆解本体和语义模型。

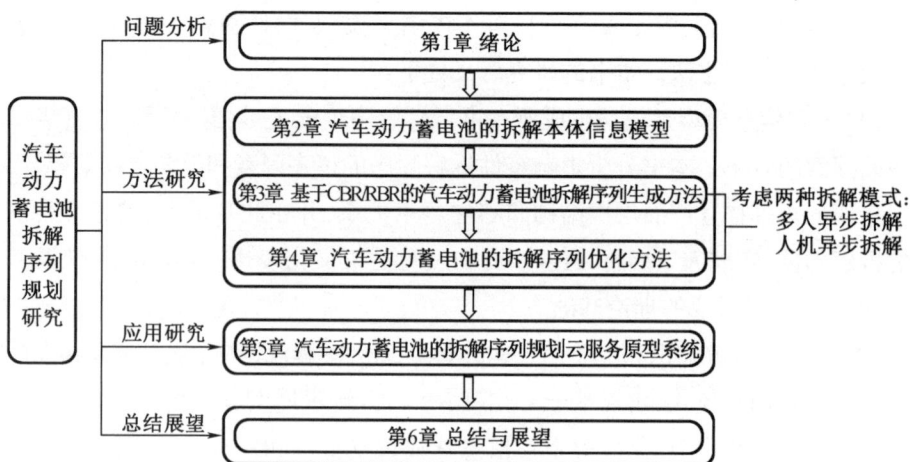

图1-2 本书的组织架构

第3章:针对人工拆解知识的重用,研究了基于 CBR/RBR 的异步-并行-局部破坏性-混合拆解序列生成方法。首先,依据拆解约束矩阵,提出了零件拆卸可行性判定规则。考虑安全与环境约束,提出了优先法线方向拆解的异步-并行-局部破坏性-混合拆解可行序列生成方法。其次,在此基础上构建了拆解案例库和规则库。基于 CBR 方法,从案例库中匹配出可直接使用的拆解方案;考虑多人异步拆解和人机异步拆解模式,从规则库中推理出拆解序列可行解。有别于多人异步拆解,人机异步拆解还需考虑任务分配问题。依据零件自动化潜力评估方法,提出了一种人机异步拆解任务分配方法。最后,结合案例对拆解序列生成方法的有效性进行了验证。

第4章:基于 CBR/RBR 拆解序列生成方法,研究了多人异步拆解序列和人机异步拆解序列的优化方法。首先,分析单个零件拆解时间的组成,引入等待机制,以单个产品的拆解时间为优化目标构建了多人异步拆解序列优化模型。其次,结合人员疲劳水平对人机拆解效率的影响,以批量电池的总拆解时间为优化目标构建了基于疲劳-恢复模型的人机异步拆解序列优化模型。最后,采用 IGA 对两种拆解模式的序列优化问题进行求解,并对优化结果进行了分析。

第5章:首先,设计开发了基于云服务的 DSP 原型系统,对上述模型和方法进行了有机集成。其次,对该系统的需求和功能进行了分析,介绍了系统的体系架构。最后,结合案例对系统主要功能模块进行了阐述。

第6章:总结了本书的主要研究工作与创新点,并展望了未来的研究工作。

第2章　汽车动力蓄电池的
拆解本体信息模型

一个 DSP 系统包括三要素:产品拆解信息建模、序列生成和序列优化。产品拆解信息模型是成功生成拆解序列的关键,也直接影响拆解序列生成的效率。影响零件拆解顺序的因素很多,如产品的结构、报废产品的状况、零件之间的连接关系、拆卸零件的限制、零件的危害性、拆解所需的工具、工具的空间可及性等。因此,分析影响零件拆解顺序的诸多因素之间的耦合关系,剖析零件拆解顺序与影响因素的映射关系,采用精简的拆解信息构建产品的拆解信息模型,是 DSP 的基础。

本章在深入分析多规格异构 ATB 的组成结构和拆解过程的基础上,确定拆解作业模式和总结常见的连接方式;进一步研究 ATB 的装配特性,揭示连接方式、装配约束与拆解顺序的映射关系,建立一组基于连接件和功能零件的拆解约束矩阵;采用本体对这组拆解约束矩阵和拆解实例进行语义描述,构建拆解本体信息模型。

2.1　拆解知识和拆解过程分析

2.1.1　拆解知识

ATB 的全生命周期一般分为 3 个阶段:生命前期(Begin of Life,BOL)、生命中期(Middle of Life,MOL)和生命末期(EOL)。从图 2-1 中可见,ATB 需要通过对 EOL 动力电池的回收、再生决策、DSP、拆解再生工艺等诸多环节实现全生命周期的资源优化。ATB 属于电化学产品,需要较高的质量要求才能进行再制造,所以目前的回收方案为零部件再利用、梯级利用和材料再生。其中,DSP 这一重要环节是零部件再利用的关键,并影响着拆解再生工艺的设计与实施方案。

一般而言,产品或零件的信息获取得越详细,产品的 DSP 效果会越好。然而,针对某类型产品的规划过程,使用所有的信息是没有必要的[125]。产品拆解规划需要大量信息作为数据基础,根据产品不同阶段的数据特征合理运用相关信息,遵循精简使用原则,才是提高拆解规划效率的关键。

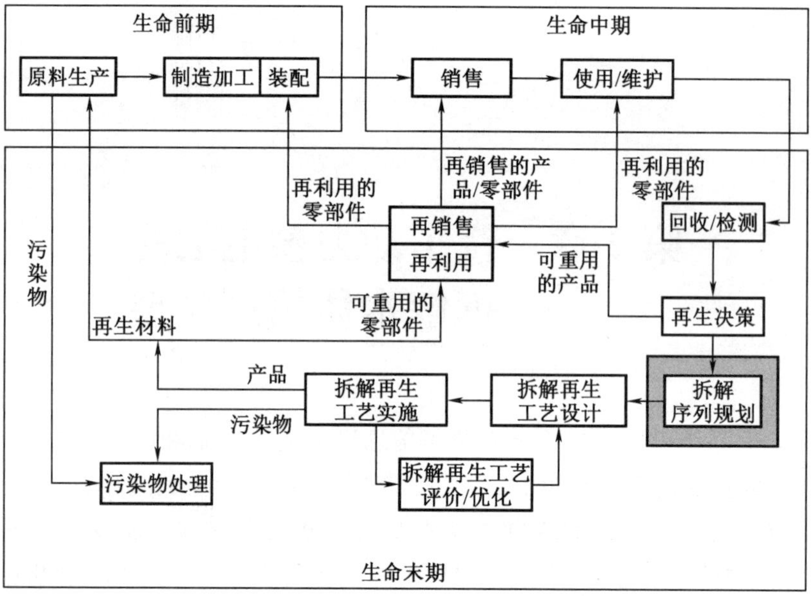

图 2-1　ATB 的全生命周期系统框架

1. 拆解知识的分类

近年来,先进的泛在信息技术有助于产品全生命周期信息的共享[126],使得产品全生命周期信息支持 DSP 成为可能。拆解知识是影响 DSP 的所有信息总和。表 2-1 列举了部分信息需求和用途。

表 2-1　EOL 产品部分拆解信息需求

生命周期阶段	数据名称	数据类型	用途
BOL	产品规格描述	基本信息	案例检索
	材料清单	基本信息	构建拆解模型
	装配结构	基本信息	构建拆解模型
MOL	使用信息	状态信息	确定再生决策
	维修信息	状态信息	确定再生决策
	工作环境	状态信息	确定再生决策
EOL	EOL 状态	状态信息	确定再生决策
	再制造能力	状态信息	确定再生决策
	拆解过程信息	过程信息	设计拆解规则
	拆解成本信息	过程信息	计算拆解成本
	二手市场信息	过程信息	计算拆解收益
	再生成本	过程信息	计算拆解收益

其中,再生决策是指对 EOL 产品/零件再利用、再制造以及材料再生等回收方式进行决策,以实现资源的重用,并减少废弃物排放与环境污染[127-128]。从拆解角度而言,这些拆解知识主要分为三大类:产品构建拆解模型的基本信息、产品/零件执行再生决策的状态信息和拆解序列优化的过程信息。基本信息是指产品/零件本身具有的特性,能用于确定其身份的必要信息,如产品规格描述、材料清单、装配结构等。状态信息是指产品/零件在使用过程中的质量情况和 EOL 的质量情况,如使用信息、维修信息、EOL 状态等。过程信息是指产品/零件在 EOL 阶段影响拆解序列生成和优化的信息,如拆解过程信息、二手市场信息等。可将这些信息以及人工拆解知识和经验提炼成某类产品的拆解案例和拆解规则,指导新的 EOL 产品快速拆解。

ATB 的大部分基本信息和状态信息可以从新能源汽车国家监测与动力蓄电池回收利用溯源综合管理平台上获取,过程信息可以从拆解实验、拆解企业和市场中获取,而 ATB 的零部件信息和装配结构无信息来源,需要视觉识别和人机交互输入。

2. 拆解知识的表示方法

DSP 中存在大量因果关系和逻辑判断,有些拆解知识的作用是判断零件的拆卸先后次序,有些的作用则是确定零件的再生决策方式。合理表达拆解知识既是构建知识库的基础,也是解决问题的关键。知识表示是指将知识表示成计算机能处理的形式的一种可行有效的一般方法,是一种数据结构与控制结构的统一体。它需要考虑知识的存储和使用,是人工智能研究的核心内容。常用的知识表示方法和主要优缺点如表2-2 所示。

表 2-2 知识表示方法及其优缺点

表示方法	主要优点	主要缺点
一阶谓词逻辑	自然性,精确,灵活,模块化	不能表示不确定性、启发性知识,存在组合爆炸,效率低
产生式规则	自然性,模块化,清晰	不能表达结构性知识,效率低
框架表示	结构性,继承性,模块化,自然性,允许数值计算	不能表示过程性知识,不灵活,缺乏明确的推理机制,构建成本高,对知识库有非常高的质量要求
语义网络	结构性,联想性,自索引性,自然性	有非严格性、复杂性,不便于表达判断性知识与深层知识
本体	共享概念模型,明确性,形式化	描述特定领域,构建严格,需要专家的参与

从表2-2 中可知,这些知识表示方法各有特色,根据不同特点的知识适用于不同的场合。由于 ATB 的拆解知识属于特定领域,本书采用本体作为拆解知识的表示方

法更合适。本体可根据术语、定义和关系建立良好的领域概念[85]，便于智能主体灵活而明确地解释其含义，广泛应用于人工智能、信息检索和知识管理。基于本体的知识表示描述了各个实例和角色[129]。它是一种基于描述逻辑的知识表示技术，支持知识共享、重用、推理和通信。

目前主要的本体标记语言有 RDF、RDFS、OIL、DAML+OIL、OWL1、OWL2。其中，OWL1 是在 RDF 和 DAML+OIL 的基础上开发的[130]，提供了更多的表达能力。SWRL（Semantic Web Rule Language）是对 OWL-DL（OWL1 的子语言）的扩展，添加了规则（即增加了本体的表达能力），与 OWL1 语言紧密集成。OWL2 是在 OWL1 的结构上开发的。表 2-3 比较了 RDF(s)、OWL1 和 OWL2 的功能。OWL 和 RDF 有许多共同的特性，但通过比较可知，OWL 具有更强的机器解释性、语法和更多的词汇表，可用于定义复杂的本体概念限制及随后制定基于本体的数据库查询方法。本书采用 OWL2 语言构建本体，用于拆解知识的查询和推理。

表 2-3　RDF(s)、OWL1 和 OWL2 的功能比较[131]

功能	RDF(s)	OWL1	OWL2
形式化语义	√	√	√
等价性	×	√	√
定义类	×	√	√
属性约束	×	√	√
枚举	×	√	√
属性基数约束	×	√	√
属性链	×	×	√
不相交属性	×	×	√
合格的基数限制	×	×	√

2.1.2　组成结构

1. 汽车动力蓄电池的类型和特征

在构建拆解信息模型之前，需选择合适的拆解作业模式[2]。了解 ATB 的组成结构有利于拆解作业模式的确定。本书的 ATB 是指电动汽车的动力蓄电池包，它的作用是接收和存储由车载充电机、发电机、制动能量回收装置或外置充电装置提供的高压直流电，并且为 EV 提供高压直流电。电池单体（或称为"电芯"）的类型主要有钴酸锂电池、锰酸锂电池、磷酸铁锂电池、三元材料电池等，后两种单体已成为市场主流。单体的主要类别和优缺点如图 2-2 所示。不同种类 EV 的结构和工作模式不同，对动力电池系统的容量、规格等需求也不一样。根据这些需求,考虑不同单体的形状和材料的优缺点,选择合适的单体,通过串/并联方式将多个单体组合并加上保护线路板及外壳组成模组;而多个模组串联后结合电气系统、电池管理系统(Battery Management System,BMS)等组成动力蓄电池包。

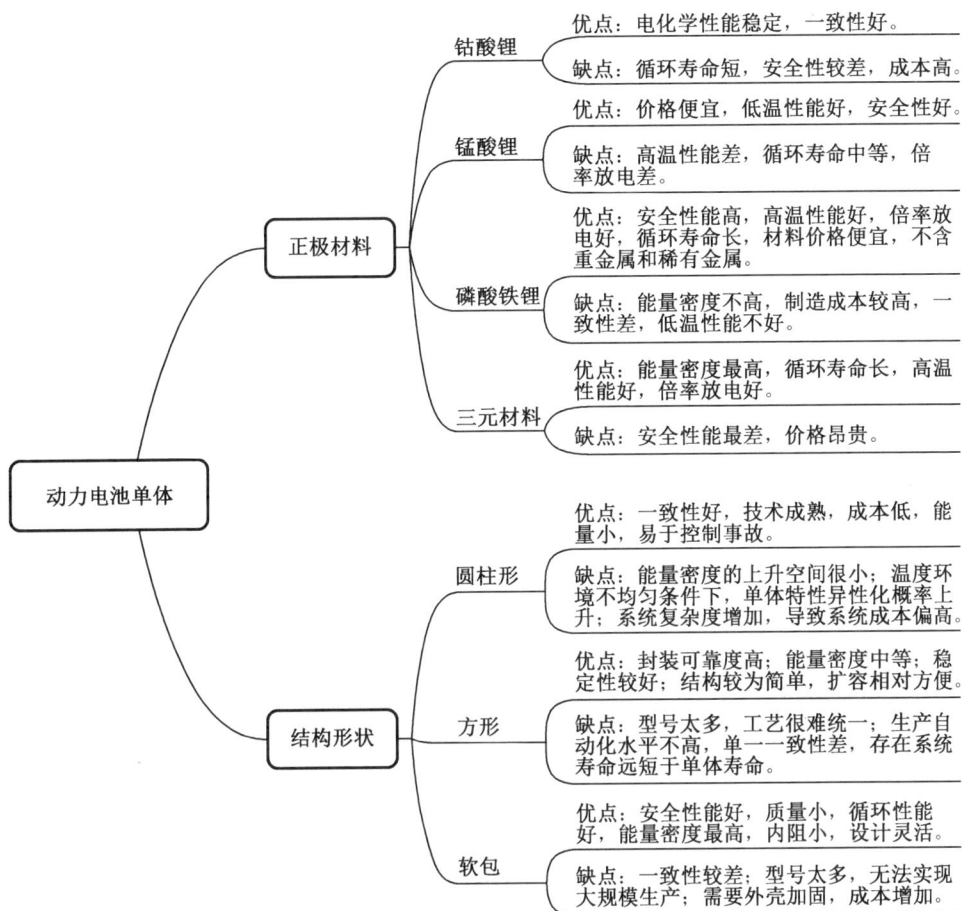

图 2-2　单体的主要类别和优缺点

目前市面上的 NEV 品牌和类型繁杂,EV 主要分为 BEV、插电式混合动力汽车(Plug-in Hybrid Electric Vehicle,PHEV)和混合动力汽车(Hybrid Electric Vehicle,HEV)。这 3 种类型的特征如表 2-4 所示。

表 2-4　BEV、PHEV 和 HEV 的特征

NEV 类型	主要优点	主要缺点
BEV	完全依靠电能驱动,不需要加油。使用时无污染,享受国家的政策补贴	电池价格贵,充电速度慢。充电桩较少,充电不方便

表 2-4(续)

NEV 类型	主要优点	主要缺点
PHEV	动力来源于燃油和充电。短途时,可实现纯电动、零排放的驾驶;长途时,能通过燃油混动模式增加车辆的续航里程	充电桩较少,充电不方便
HEV	完全依靠燃油作为动力,只能通过发动机充电,电池容量较小。起步加速时,有电动马达的辅助,可以降低油耗,不损失性能	不能通过外接电源充电,动力来源依靠燃油,排放的气体污染空气。不属于"绿牌"车,不能享受国家的政策补贴

　　根据 EV 动力电池系统容量大小的不同,动力电池系统的规格(体积和质量)由小到大的排序为 HEV、PHEV、BEV。图 2-3 (a)为某 HEV 的 ATB,由 4 个模组共 88 个单体组成,尺寸是 760 mm×830 mm×300 mm。图 2-3 (b)为某 BEV 的 ATB,由 20 个模组共 100 个单体组成,尺寸是 1 800 mm×1 000 mm×300 mm,质量是 353 kg。而第 3 章案例中的 ATB 为某 PHEV 的动力蓄电池,尺寸介于上述两种动力蓄电池之间。

(a)某 HEV 的 ATB　　　　　　　　　(b)某 BEV 的 ATB

图 2-3　ATB

2. ATB 的组成结构

　　ATB 产品涉及的专业领域颇广,包括信息与通信工程、电气工程、化学工程与技术、机械工程等众多学科,技术整合难度和系统复杂度很大。ATB 包括电池单体/模组、BMS、传感器、电气系统(线束/连接器、开关器件)、热管理系统、辅助材料和结构组件等,其组成结构如图 2-4 所示。

```
                          ┌──────────┐
                          │   ATB    │
                          └────┬─────┘
  ┌────────┬────────┬────────┬──┴──────┬─────────┬────────┬────────┬────────┐
┌─────┐ ┌─────┐ ┌──────┐ ┌────────┐ ┌────────┐ ┌──────┐ ┌──────┐ ┌──────┐
│电池单体│ │传感器│ │热管理系统│ │电池管理系统│ │线束/连接器│ │开关器件│ │辅助材料│ │结构组件│
└─────┘ └─────┘ └──────┘ └────────┘ └────────┘ └──────┘ └──────┘ └──────┘
          电压    阀门      监控单元     高压线束    继电器     扎带      壳体
          电流    水泵      管理单元     低压线束    保险丝     卡扣      支架
          温度    风扇      执行单元     连接器      MSD       垫片      托盘
          湿度    水冷管                                     密封圈     紧固件
          烟雾  电阻丝/加热膜                                 密封胶     泄压阀
          化学成分                                           绝缘层
```

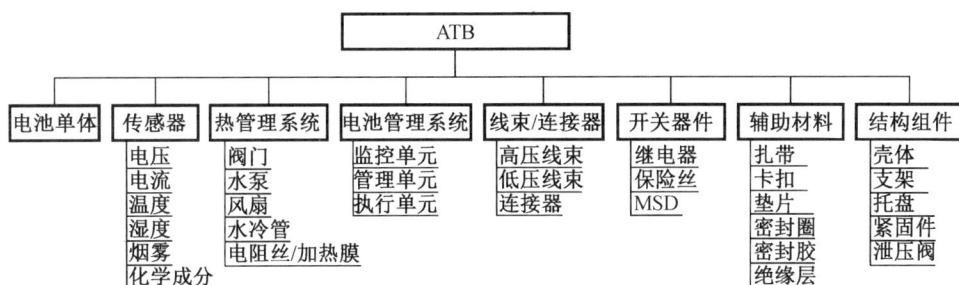

图 2-4　ATB 的组成结构

其中,电池热管理系统的作用是根据需要对 ATB 进行冷却或加热,使 ATB 保持较佳的工作温度,改善 ATB 的运行效率和延长电池组的寿命。热管理系统主要涉及 3 个方面:冷却处理、加热升温、调整充放电策略。

(1)冷却处理

当 ATB 温度较高时,可利用冷却液循环、自然风吹散热(利用风扇)、热泵空调等冷却方式,对其冷却降温。

(2)加热升温

当 ATB 温度较低时,可利用收集到的电机工作时的热量,或利用热泵空调、正温度系数(Positive Temperature Coefficient,PTC)加热器等制热装置,对其加热升温。

(3)调整充放电策略

当 ATB 充放电时,如果工作温度超过 45 ℃或低于 0 ℃,应调整充放电策略,如降低充放电倍率,保证 ATB 在安全温度内工作。充电策略一般包括充电温度、充电倍率和充电电压的调整。调整充放电策略主要由 BMS 完成。

BMS 的作用是智能化管理及维护各个电池单元,准确估测动力电池包的荷电状态,动态监测电池的工作状态(电压、电流、温度等)及单体电池间的均衡,防止电池出现过充电和过放电,以延长电池的使用寿命。

BEV 的 ATB 规格颇大,结构复杂。为了减少拆解时间和减轻拆解危害,一般采用并行方式拆解电池。并行拆解分为同步和异步两种方式。同步并行拆解方式是指当一个阶段开始时,所有操作执行者同时开始执行并行拆解任务,当全部执行完毕后才能开始下一个阶段的并行拆解任务。它对多人协作要求较低,易于实践,但也增加了拆解完工时间,即降低了拆解效率[132]。而异步并行拆解方式尽量调动可用操作执行者去完成未分配的拆解任务,以减少操作执行者的闲置时间。本书研究多人协作度更高的异步并行拆解方式。

ATB 中的零部件众多,并包含一些子装配体,如 BMS、电池单体管理控制器和高压盒。根据实际需求,若对某些子装配体进行整体回收利用,无须继续拆解,则拆解时将这些子装配体当作功能零件对待;若某些子装配体拆解所有零件后对其进行分类回收利用,则先将这些子装配体当作功能零件拆除,然后再分别拆解每一个子装配体,这种拆解称为混合拆解。它介于完全拆解和部分拆解之间。另外,拆卸 ATB 的目标零件——模组/单体需要采用破坏性方式拆卸,所以 ATB 的拆解作业模式为异步-并行-局部破坏性-混合拆解。

2.1.3 拆解过程

分析 ATB 的拆解过程有助于归纳常见零部件的连接方式与拆卸顺序,以及制定拆解顺序规则和拆解工具规则。下面对 ATB 中几种特殊零部件(有别于机电产品)的功能和拆卸方法进行阐述。

1. 固定扎带

固定扎带一般用于将线束固定在周围的板件上。图 2-5 所示的固定扎带,先将线束固定在扎带的一端,再将扎带的另一端即固定锚穿过板件上的安装孔固定。拆卸方法:先采用斜口钳剪掉扎带,解除扎带与线束的约束,然后使用尖嘴钳从安装孔处取下固定锚。

(a)   (b)

图 2-5 固定扎带

2. 卡扣

卡扣用于零件间的连接,安装和拆卸都很方便,且不破坏产品,如图 2-6 所示。了解卡扣安装原理后,手动解除卡接处约束,即可拆除。

3. 线束插接器

线束插接器俗称"插头",是线路中常用的一种电子元器件。线束插接器一般由端子、壳体、固定架、密封部分、锁止部分等组成。拆卸线束插接器的基本原则是:先解除插接器锁止装置,再拔插接器。例如,图 2-7(a)中的线束插接器,在按压圆圈内部件的同时拔出插接器。图 2-7(b)中的线束插接器,先拔一下 1 号部件,然后在按压 2 号部件的同时拔出插接器。

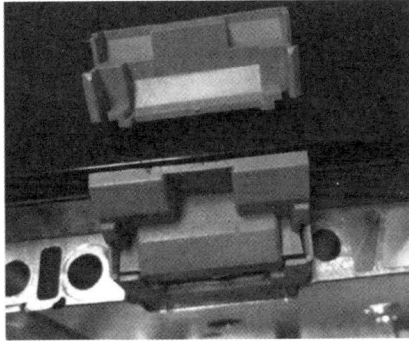

图 2-6　卡扣

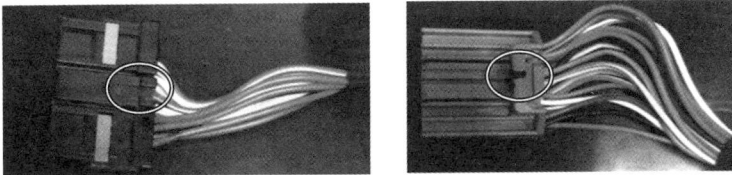

(a)按压式

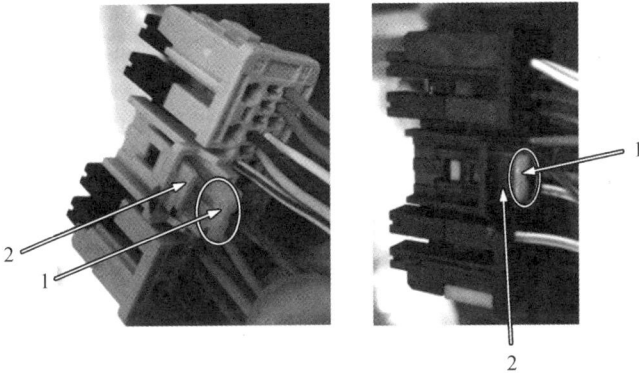

(b)拔-压式

图 2-7　线束插接器

4.串联铜排

串联铜排用于串联多个模组,起导电作用。例如,图 2-8 (a)和(b)所示的串联铜排,先拆除卡扣,然后拆除卡扣下面的串联铜排固定螺栓,即可拆除串联铜排的一端。当串联铜排另一端不能取下时,已经拆除的一端的裸露部位要用绝缘胶带包裹,防止其与其他部位相连而引起短路。图 2-8 (c)为拆卸后的串联铜排。

5.冷却管

ATB 的冷却方式主要为空气冷却和液体冷却。空气冷却方式采用风扇和通风孔降低热量。液体冷却方式主要采用冷却液和冷却管。将冷却管和电池相连,在管道中注入冷却液。随着冷却液的循环流动,热量从电池中被抽离,确保电池温度均匀分布。

图 2-9 所示的冷却管,拆卸时一般先采用尖嘴钳将冷却管接头塑料卡箍拆掉,然后使用尖嘴钳将冷却管接头与冷却金属管道接头分离。

(a)　　　　　　　　　　　　　　　(b)

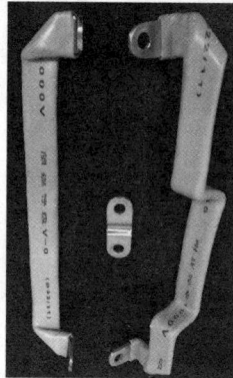

(c)

图 2-8　串联铜排

图 2-9　冷却管

6. 模组

若图 2-10 所示的模组[133]的两侧有螺栓孔,则可采用图中所示的模组抓取工具取出。若模组两侧无螺栓孔,则可采用吊具或人工取出。若模组下方采用导热胶固定,还需使用杆去除导热胶(注意不要撬动模组中间部分)。

图 2-10　模组和模组抓取工具

7. 单体

图 2-11 为某个模组的爆炸图,单体之间通过导电母排焊接在一起,由模组的金属外壳固定。单体与金属外壳形成过盈配合关系。拆卸单体的过程为先拆除模组端盖,然后拆除单体管理控制器(解除单体与导电母排之间的焊接关系),切割金属外壳,拆除金属外壳,最后取出单体。

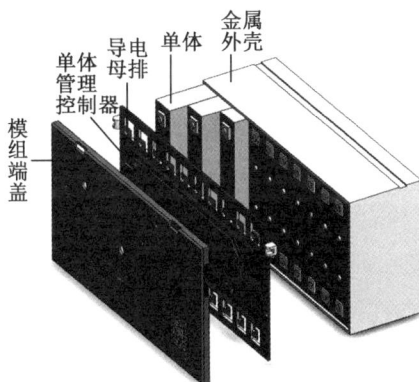

图 2-11　某个模组的爆炸图

通过对 ATB 拆解过程的分析,归纳常见零部件的连接方式和拆卸顺序,如表 2-5 所示。

表 2-5　ATB 常见零部件的连接方式和拆卸顺序

序号	零部件	连接方式	拆卸顺序
1	螺栓、螺钉、螺母	螺纹连接	先拆螺纹紧固件
2	线束插接器	固定连接	先拆线束插接器
3	扎带与线束	固定连接	先拆扎带
4	卡扣、固定锚	固定连接	先拆卡扣、固定锚
5	单体与金属外壳	过盈配合	先切割金属外壳，然后取出单体
6	单体与单体	焊接	去除焊剂，将两单体一起拆除
7	模组与底板	胶接	去除黏合剂，将模组与底板一起拆除

2.2　装配特征分析

装配特征是指零件面上参与装配活动的区域及其相关信息的集合，由零件自身的装配属性和零件间的装配约束两部分组成。前者包括零件装配面的形状、粗糙度、尺寸、精度等信息；后者包括零部件之间的定位约束、装配顺序和装配运动方式等信息。本书中提到的装配特征关系指的是后者——装配约束。

通过分析 ATB 内部各零件之间的装配特征，本书抽象出 3 种装配特征关系：直接接触、遮盖和支承[134]。描述如下：

（1）直接接触

直接接触表示两零件相互直接接触。图 2-12 所示为常见的直接接触关系图例，其中（a）（b）（c）分别为平面直接接触关系、曲面直接接触关系和螺纹连接直接接触关系。螺纹连接直接接触关系可看作一种特殊的曲面直接接触关系，（c）做了简化处理。存在直接接触关系的两零件有两种情况：第一，若两零件之间无辅助剂（如胶剂、焊剂等非零件），则无约束关系，拆卸时可直接分离，但其分离方向可能会受到一定的限制。第二，若两零件之间存在辅助剂，则有约束关系，拆卸时先去除造成约束关系的胶剂或焊剂，再直接分离两个零件，其分离方向可能会受到一定的限制。

（2）遮盖

遮盖表示两零件存在空间约束，一个零件阻碍另一个零件拆卸。本书以空间三维坐标系（$+X$、$-X$、$+Y$、$-Y$、$+Z$、$-Z$）为基准，两零件的拆卸过程为先拆卸遮盖零件，后拆卸被遮盖零件。如图 2-13 所示，零件 a 和零件 c 分别为零件 b 在 $+Y$ 和 $+X$ 方向上的遮盖零件。

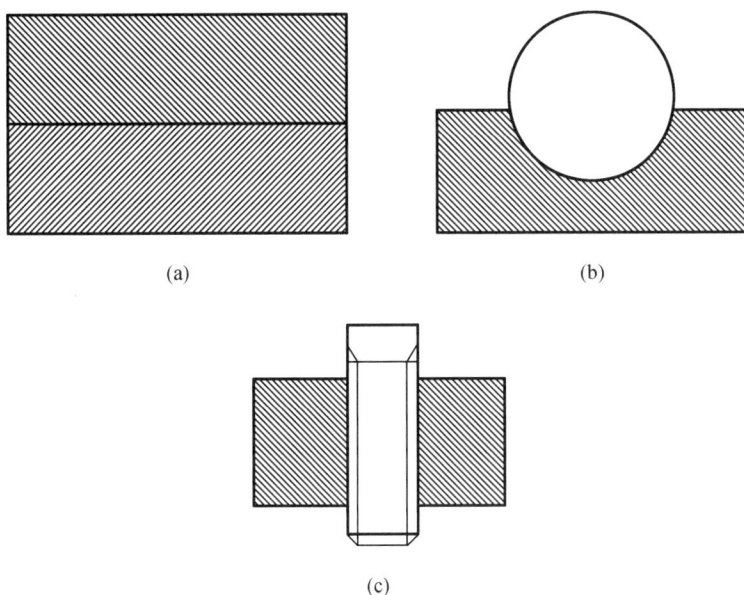

(a)

(b)

(c)

图 2-12　直接接触关系图例

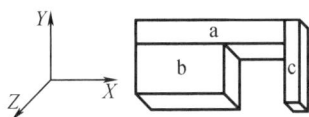

图 2-13　遮盖关系图例

（3）支承

支承是受重力影响的装配特征,即在重力方向上,一个零件支撑着另一个零件。由于重力作用,两零件的拆卸过程为先拆卸被支承零件,后拆卸支承零件。如图 2-14 所示,零件 b 和 c 都是零件 a 的支承零件。

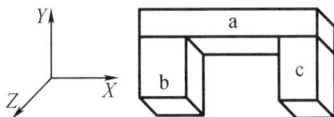

图 2-14　支承关系图例

实际上,零件之间的装配约束关系一般是上述 3 种装配特征的任意组合。例如,图 2-13 中的零件 a 与 b 之间的完整装配特征是:零件 a 与零件 b 直接接触,且零件 a 在+Y 方向上遮盖零件 b,零件 b 支承零件 a。根据上述装配特征分析,对照表 2-6,两零件的拆卸顺序是:a→b(+Y)。

表2-6　各装配特征对应拆卸顺序表

零件a和b之间的装配特征	拆卸顺序
a 直接接触 b	a→b 或 b→a
a 遮盖 b	a→b
a 支承 b	b→a

依据表2-5和表2-6,剖析零件间的连接方式、装配特征与拆解顺序的映射关系。在表2-6中,直接接触装配特征的第一种情况不存在装配约束,不考虑;第二种情况的两零件相互约束,无拆解先后顺序,拆解方向相反,设置为限制装配约束。支承装配特征属于遮盖装配特征的一种特例,将支承和遮盖统一设置为直接遮盖装配约束,可以同时描述零件的空间约束关系和连接关系。表2-5中,螺纹紧固件(螺栓、螺钉、螺母)、线束插接器、卡扣、固定锚、与单体存在过盈配合关系的金属外壳都起到固定作用,且都是先行拆卸零件,可设置为固定装配约束关系,将这些零件设置为连接件,便于对拆解顺序进行描述。ATB的零件装配约束关系与拆卸顺序如表2-7所示。

表2-7　ATB的零件装配约束关系与拆卸顺序

序号	零部件	装配约束关系	拆卸顺序
1	螺栓、螺钉、螺母	固定	先拆螺纹紧固件
2	线束插接器	固定	先拆线束插接器
3	扎带与线束	固定	先拆扎带
4	卡扣、固定锚	固定	先拆卡扣、固定锚
5	单体与金属外壳	固定	先切割金属外壳,后取出单体
6	单体与单体	限制	去除焊剂,两单体一起拆除
7	模组与底板	限制	去除黏合剂,模组与底板一起拆除

为了简洁描述构建拆解信息模型的基本信息,将ATB产品的最小单元分为连接件和功能零件。根据需要还定义了压力件和限制功能零件对,相关定义如下:

连接件:起到连接或固定功能零件/子装配体的作用。图2-5、图2-6和图2-7所示的固定扎带、卡扣、线束插接器以及螺纹紧固件、压力件均为连接件。当线束、电缆与功能零件连接时,可视线束、电缆为连接件。

功能零件:起到一定的运转作用及效应,广义下可将其理解为除了连接件的其他零件。图2-8、图2-9、图2-10和图2-11所示的串联铜排、冷却管、模组和单体均为功能零件。

压力件:与功能零件存在过盈配合连接关系的非轴类零件,可视为连接件的一种,需先行拆除。若该压力件以焊接形式形成,解除焊接关系即解除过盈配合关系,如图 2-11 中的金属外壳。

限制功能零件对:以焊接或胶接形式连接的两个功能零件,它们之间存在相互限制关系。例如,图 2-11 中的单体管理控制器和单体组(包含金属外壳和单体)为一个限制功能零件对。

综上所述,分析 ATB 产品装配结构和拆解过程,抽象出 3 种装配约束映射到连接件和功能零件:固定、直接遮盖和限制。相关定义如下:

固定:表示连接件和功能零件之间的装配约束。若某功能零件被某连接件在某方向上固定,则它们的拆卸顺序应为连接件→功能零件。

直接遮盖:表示连接件/功能零件,以及功能零件之间的装配约束。若连接件 1/功能零件 1 在某方向上被功能零件 2 直接遮盖,则表示在此方向上该连接件 1/功能零件 1 和功能零件 2 之间没有其他功能零件存在,那么它们的拆卸顺序应为功能零件 2→连接件 1/功能零件 1。

限制:表示功能零件之间的装配约束。若功能零件 1 与功能零件 2 在某方向上限制连接,则它们的拆卸顺序应为功能零件 1↔功能零件 2,即两功能零件同时拆卸,无先后顺序。

上述方法同样适用于表达子装配体之间的装配约束。此时,将子装配体视为功能零件即可。

2.3　拆解约束矩阵

文献[134]中提出的拆卸关系模型-拆卸矩阵只表示非破坏性连接方式的零件,对焊接、胶接和过盈配合连接的零件采取整体回收处理。本书在该文献的基础上,采用矩阵对拆解信息建模,提出了一组拆解约束矩阵,描述前文提出的连接件和功能零件之间的 3 种装配约束关系。它们简洁地表达了破坏性和非破坏性方式连接的零件之间的空间约束关系和连接关系。

2.3.1　连接件直接遮盖约束矩阵 FM

FM 定义了连接件与功能零件之间的直接遮盖装配关系。它记录了每个连接件在可拆卸方向上被直接遮盖的功能零件编号。直接遮盖功能零件表示此功能零件和连接件之间在此拆卸方向上不再存在其他功能零件。矩阵中,列表示拆卸方向($+X$、$-X$、$+Y$、$-Y$、$+Z$、$-Z$),行表示各个连接件。

$$FM = \begin{cases} N, \text{在可拆卸方向上被直接遮盖的功能零件编号} \\ 0, \text{在可拆卸方向上未被直接遮盖的功能零件} \\ -1, \text{其他} \end{cases} \qquad (2-1)$$

2.3.2 功能零件固定约束矩阵 FPFM

FPFM 定义了功能零件与连接件之间的固定装配关系。它记录了每个功能零件在各拆卸方向上有被固定的连接件编号。矩阵中,列表示拆卸方向,行表示各个功能零件。

$$FPFM = \begin{cases} N, \text{被固定的连接件编号} \\ 0, \text{其他} \end{cases} \qquad (2-2)$$

2.3.3 功能零件直接遮盖约束矩阵 FPCM

FPCM 定义了功能零件之间的直接遮盖装配关系。它记录了每个功能零件在各拆卸方向上被直接遮盖的功能零件编号。矩阵中,列表示拆卸方向,行表示各个功能零件。

$$FPCM = \begin{cases} N, \text{被直接遮盖的功能零件编号} \\ 0, \text{未被直接遮盖的功能零件} \\ -1, -Y \text{方向} \end{cases} \qquad (2-3)$$

2.3.4 功能零件限制约束矩阵 FPRM

FPRM 定义了功能零件之间的限制装配关系。它记录了每个功能零件在各拆卸方向上存在限制关系的功能零件编号。矩阵中,列表示拆卸方向,行表示各个功能零件。

$$FPRM = \begin{cases} N, \text{存在限制关系的功能零件编号} \\ 0, \text{其他} \end{cases} \qquad (2-4)$$

将描述功能零件的约束矩阵 **FPFM**、**FPCM** 和 **FPRM** 合并为一个矩阵 **FPM**。**FM** 和 **FPM** 这两个拆解约束矩阵可以简洁地表示零件在三维空间中沿坐标轴拆卸时的约束关系、连接关系和拆解方向。大多数 DSP 研究文献中,在采用矩阵构建产品拆解信息模型时,所有零件的关系都被矩阵记录下来,即使零件之间没有约束。当以矩阵形式描述规模较大的产品时,需要降低其大小、缩短处理时间[41]。还有些矩阵没有描述零件的拆卸方向[70-71,135],或者需要编码解码才能使用拆卸方向[74]。假设某 ATB 产品的总零件数、功能零件数和连接件数分别为 n、$n1$、$n2$,其中 $n=n1+n2$,则本书构建的拆解约束矩阵 **FM**、**FPM** 的维数分别为 $n2 \times 6$,$n1 \times 18$,而大多数拆解矩阵包含接触矩阵和优先约束矩阵,维数均为 $n \times n$。当产品规模较大时,本书构建的拆解约束矩减少了存储空间,缩短了处理时间,提高了零件的拆卸操作几何推理效率。

2.4　拆解本体信息建模

人类的工程知识和经验包含丰富的语义知识,基于矩阵的拆解信息模型难以语义描述 ATB 的拆解知识。若拆解方案缺少零件的拆解工具,则难以指导实际拆解过程和实现智能化拆解。本书提出的拆解约束矩阵可以生成拆解序列和拆解方向,但不能获取零件的拆解工具。因此,本节采用本体的对象属性和数据属性来描述这组拆解约束矩阵和拆解知识,构建拆解本体和语义模型(即本体实例),用于拆解知识的查询和推理,并有助于后续拆解工具规则的制定。

2.4.1　拆解本体

本书使用 Protégé 开发工具、OWL2 语言构建 ATB 的拆解本体。本体构建包括类、对象属性、数据属性和实例的定义。

类由产品零件名称确定,每个具体的零件都是对应类的实例。产品拆解本体中的类如图 2-15 所示。顶层的类为 owl:Thing,它包含 6 个子类:Product、Subassembly、FunctionalPart、Fastener、Connection、DisassemblyTool,分别表示产品类、子装配体类、功能零件类、连接件类、连接方式类和拆解工具类。

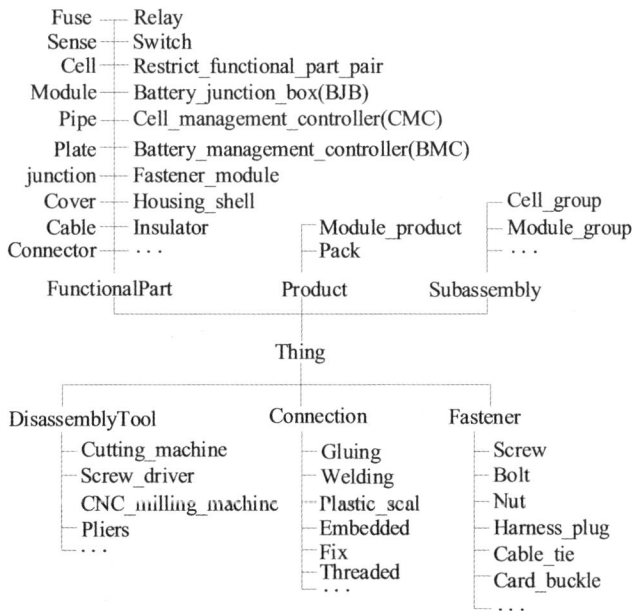

图 2-15　ATB 拆解本体中的类

接下来用对象属性和数据属性来描述拆解知识中的产品基本信息和过程信息。对象属性是表征类之间的语义关系,其定义如表 2-8 所示。若对象属性有逆属性,则其定义域和值域与该对象属性相反。

(1)对象属性 1~18 表示零件在 6 个方向($+X$、$-X$、$+Y$、$-Y$、$+Z$、$-Z$)上的装配关系。产品的装配结构可以被它们完整表示。其中对象属性 1~6 表示直接遮盖装配关系,用来描述拆解矩阵 **FM** 和 **FPCM**;对象属性 7~12 表示固定装配关系,用来描述拆解矩阵 **FPFM**;而对象属性 13~18 表示限制装配关系,用来描述拆解矩阵 **FPRM**。

(2)对象属性 19 表征了产品/子装配体/零件的隶属关系,能完整表达出产品的层次结构。

(3)对象属性 20 表示零件间的拆解优先级关系,用来表达一个产品的拆解序列。该属性具有传递特性。

(4)对象属性 21 和 22 分别表示子装配体/零件的连接方式和拆解工具。它们用来推理出子装配体/零件的拆解工具。

表 2-8　拆解本体中的对象属性

序号	对象属性	定义域	值域	逆属性
1	directCover_plusX	FunctionalPart; Subassembly	Fastener; FunctionalPart; Subassembly	isDirectCoveredBy_ minusX
2	isDirectCoveredBy_plusX	Fastener; FunctionalPart; Subassembly	FunctionalPart; Subassembly	directCover_minusX
3	directCover_plusY	FunctionalPart; Subassembly	Fastener; FunctionalPart; Subassembly	isDirectCoveredBy_ minusY
4	isDirectCoveredBy_plusY	Fastener; FunctionalPart; Subassembly	FunctionalPart; Subassembly	directCover_minusY
5	directCover_plusZ	FunctionalPart; Subassembly	Fastener; FunctionalPart; Subassembly	isDirectCoveredBy_ minusZ
6	isDirectCoveredBy_plusZ	Fastener; FunctionalPart; Subassembly	FunctionalPart; Subassembly	directCover_minusZ

表 2-8（续）

序号	对象属性	定义域	值域	逆属性
7	fix_plusX	Fastener	FunctionalPart；Subassembly	isFixedBy_minusX
8	isFixedBy_plusX	FunctionalPart；Subassembly	Fastener	fix_minusX
9	fix_plusY	Fastener	FunctionalPart；Subassembly	isFixedBy_minusY
10	isFixedBy_plusY	FunctionalPart；Subassembly	Fastener	fix_minusY
11	fix_plusZ	Fastener	FunctionalPart；Subassembly	isFixedBy_minusZ
12	isFixedBy_plusZ	FunctionalPart；Subassembly	Fastener	fix_minusZ
13	restrict_plusX	FunctionalPart	FunctionalPart	
14	restrict_minusX	FunctionalPart	FunctionalPart	
15	restrict_plusY	FunctionalPart	FunctionalPart	
16	restrict_minusY	FunctionalPart	FunctionalPart	
17	restrict_plusZ	FunctionalPart	FunctionalPart	
18	restrict_minusZ	FunctionalPart	FunctionalPart	
19	is_part_of	Fastener；FunctionalPart；Subassembly	Subassembly；Product	has_part_of
20	has_disassembled_after	Fastener；FunctionalPart；Subassembly	Fastener；FunctionalPart；Subassembly	N/A
21	has_connection	Fastener；FunctionalPart；Subassembly	Connection	N/A
22	is_removed_with	Fastener；FunctionalPart；Subassembly	DisassemblyTool	N/A

数据属性是描述类的特征。根据 GB/T 34014-2017 的规定，ATB 的二维码包含

了设计信息和生产信息。设计信息包括厂商代码、产品类型代码、电池类型代码、规格代码、追溯信息代码。生产信息包括生产日期代码、序列号、梯级利用代码。因此,数据属性的定义如表 2-9 所示。

表 2-9　拆解本体中的数据属性

序号	数据属性	定义域	值域	属性描述
1	disassembledDirection_plusX disassembledDirection_minusX disassembledDirection_plusY disassembledDirection_minusY disassembledDirection_plusZ disassembledDirection_minusZ	Fastener; FunctionalPart; Subassembly	boolean	记录零件的拆解方向
2	normalDirection_plusX normalDirection_minusX normalDirection_plusY normalDirection_minusY normalDirection_plusZ normalDirection_minusZ	FunctionalPart; Subassembly	boolean	记录零件的法线方向(不考虑 $-Y$ 方向)
3	type_code	Product	string	记录产品类型代码:电池包 P、模组 M、单体 C
4	material_code	Product	string	记录产品材料类型代码:A~G
5	vendor_code	Product	string	记录产品厂商代码
6	model_code	Product	string	记录产品规格型号代码
7	trace_information_code	Product	string	记录产品追溯信息代码
8	date_code	Product	string	记录产品生产日期代码
9	serial_number	Product	unsigned long	记录产品序列号
10	cascade_utilization_code	Product	string	记录产品梯级利用代码(RP、RM、RC)

表 2-9(续)

序号	数据属性	定义域	值域	属性描述
11	id	Fastener；FunctionalPart；Subassembly；Product	string	记录产品/零件的识别号
12	component_name	Fastener；FunctionalPart；Subassembly	string	记录零件的名称
13	component_type	Fastener；FunctionalPart；Subassembly	string	记录零件的类型，如功能零件 FP、连接件 F、子装配体 SA、限制功能零件对 R
14	quantity	Fastener；FunctionalPart；Subassembly	int	记录同种零件中的零件数量
15	weight	Fastener；FunctionalPart；Subassembly	int	记录产品/零件的质量

注:表中,RP 为动力蓄电池包直接梯级利用;RM 为蓄电池模块直接梯级利用;RC 为单体蓄电池梯级利用。

2.4.2　拆解语义模型

ATB 的拆解本体提供了一个通用的语义框架。根据该框架将某待拆解 ATB 或拆解案例实例化后构建该产品或案例的拆解语义模型。拆解语义模型分为两部分:一是产品结构(包括零件信息、层次结构、装配结构和连接关系)。二是产品的拆解任务方案(拆解序列、方向和工具)。待拆解 ATB 的语义模型只包含第一部分,而拆解案例的语义模型则包含这两部分。一个典型拆解案例的语义模型如图 2-16 所示。

对于第一部分,使用类和对象属性(is_part_of、has_part_of)构造产品的层次结构。参考表 2-8 和表 2-9,产品结构还包含产品中每个子装配体/零件的详细信息。

对于第二部分,使用对象属性 has_disassembled_after 和数据属性(disassembledDirection_plusX、disassembledDirection_minusX、disassembledDirection_plusY、disassembledDirection_minusY、disassembledDirection_plusZ、disassembledDirection_minusZ,normal-

Direction_plusX、normalDirection_minusX、normalDirection_plusY、normalDirection_minusY、normalDirection_plusZ、normalDirection_minusZ）可表达产品完整可行的拆解序列。此外,使用对象属性 is_removed_with 和 has_connection 表达序列所用的拆解工具。

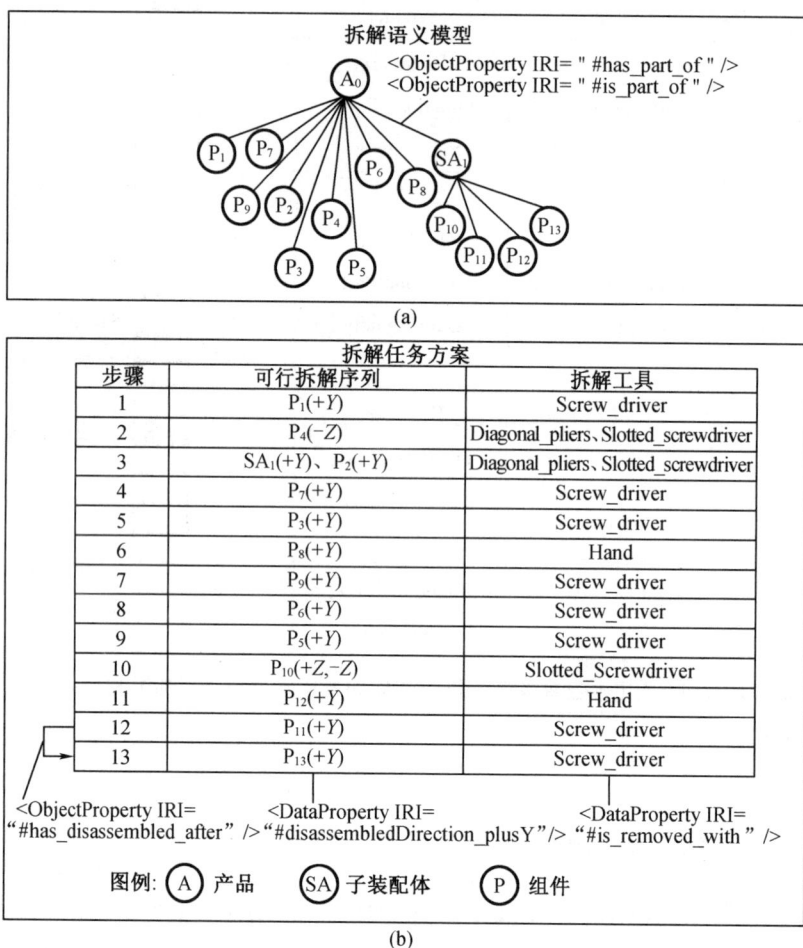

(a)

步骤	可行拆解序列	拆解工具
1	$P_1(+Y)$	Screw_driver
2	$P_4(-Z)$	Diagonal_pliers、Slotted_screwdriver
3	$SA_1(+Y)$、$P_2(+Y)$	Diagonal_pliers、Slotted_screwdriver
4	$P_7(+Y)$	Screw_driver
5	$P_3(+Y)$	Screw_driver
6	$P_8(+Y)$	Hand
7	$P_9(+Y)$	Screw_driver
8	$P_6(+Y)$	Screw_driver
9	$P_5(+Y)$	Screw_driver
10	$P_{10}(+Z,-Z)$	Slotted_Screwdriver
11	$P_{12}(+Y)$	Hand
12	$P_{11}(+Y)$	Screw_driver
13	$P_{13}(+Y)$	Screw_driver

<ObjectProperty IRI= "#has_disassembled_after" /> <DataProperty IRI= "#disassembledDirection_plusY" /> <DataProperty IRI= "#is_removed_with" />

图例: (A) 产品   (SA) 子装配体   (P) 组件

(b)

图 2-16　某案例的拆解语义模型

2.5　本章小结

本章首先对拆解知识进行了分类,总结了常见拆解知识的表示方法,确定了本章拆解本体信息模型所要描述的拆解知识和采用的知识表示方法;在分析 ATB 的组成结构的基础上,确定了拆解 ATB 的作业模式;进一步分析了 ATB 的拆解过程,对几种特殊零件的拆解方法进行了归纳,揭示了零件连接方式和拆卸顺序的关联。其次,分析了 ATB 的 3 种装配特征,并结合常见的零件连接方式,剖析了零件间的连接方式、装配特征与拆解顺序的映射关系;通过对产品零件的重新定义,抽象出 3 种装配约束:固定、直接遮盖和限制,构建了基于连接件和功能零件的拆解约束矩阵。最后,采用本体语言 OWL2 构建了 ATB 的拆解本体和语义模型。

第 3 章　基于 CBR/RBR 的汽车动力蓄电池拆解序列生成方法

建立拆解信息本体模型的目的是生成所有可行的拆解方案。本章通过已构建的拆解本体信息模型,对人工拆解知识和经验进行语义描述和有机集成,建立拆解案例库和规则库,提出一种基于 CBR/RBR 的拆解序列生成方法。首先,根据拆解约束矩阵设计零件拆卸可行性判定规则和异步-并行-局部破坏性-混合拆解可行序列生成方法。其次,采用 SWRL 语言制定了一组局部破坏性拆解规则和拆解工具选择规则。在此基础上,提出了基于 CBR 的拆解序列生成方法;考虑多人协作异步拆解和人机协作异步拆解两种模式,提出了基于 RBR 的拆解序列生成方法。最后,用实例验证了该方法的有效性。

3.1　拆解序列生成方法框架

我国非常重视 ATB 的回收利用和信息溯源,出台了相关法规和标准,在利益相关者之间传递车辆动力电池信息。自 2018 年 8 月起,在我国,所有企业生产的 ATB 包、模组、单体均需贴上一张包含其设计和生产信息的二维码。相关企业需上传电池生产、销售、使用、报废、回收等全过程信息到指定的平台[136]。该政策将使相关企业在追踪和规划电池的回收利用方面受益匪浅。本书结合二维码技术提出一种基于 CBR/RBR 的拆解序列生成方法。该方法框架如图 3-1 所示。首先,本章根据拆解约束矩阵制定零件拆卸可行性判定规则,根据判定规则生成异步-并行-局部破坏性-混合拆解可行序列生成方法。基于此,本章提出基于 CBR/RBR 的拆解序列生成方法。根据拆解案例库获取匹配案例的拆解方案,直接用于指导实际拆解。当缺少匹配案例时,根据拆解规则库中的局部破坏性规则和拆解工具选择规则,本章提出多人异步拆解可行序列生成方法和人机异步拆解可行序列生成方法,为后续 DSP 提供可行拆解序列。

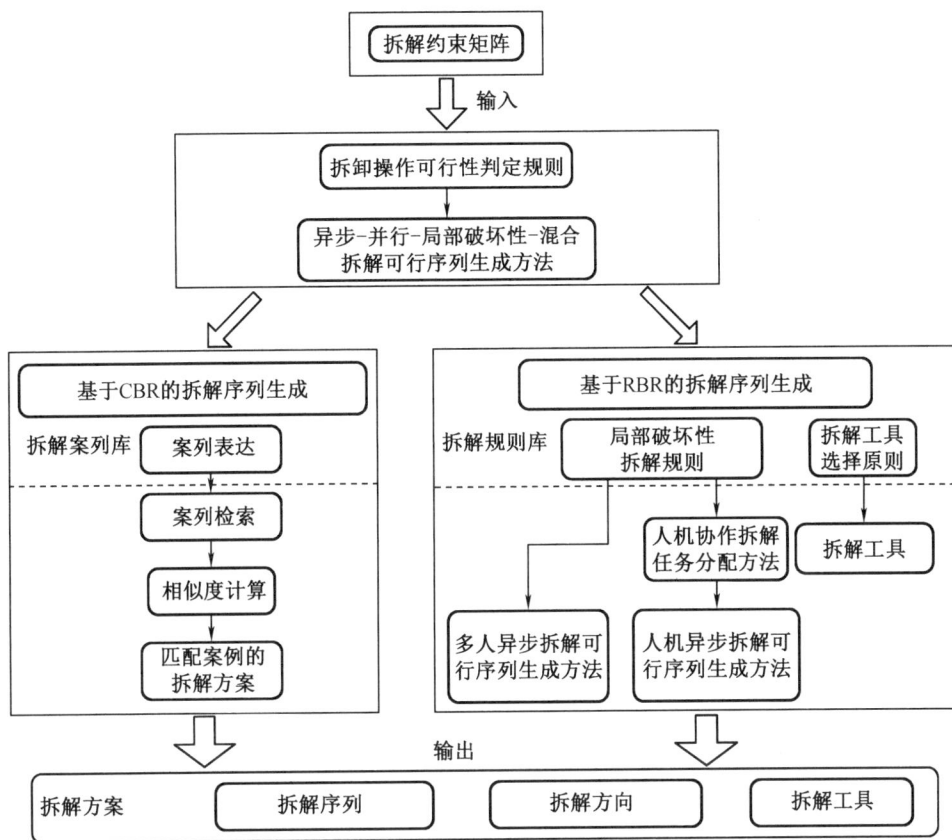

图 3-1　基于 CBR/RBR 的拆解序列生成方法框架

基于 CBR/RBR 的拆解序列生成流程如图 3-2 所示。首先,扫描电池上的二维码获取设计和生产信息,执行基于 CBR 的拆解序列生成方法。如果案例匹配成功,直接输出拆解方案,否则执行基于 RBR 的拆解序列生成方法。由于二维码的存储信息有限,需采用人工或机器视觉技术获取产品特征信息。其次,判断是否需要更新拆解规则,若需要则增加、修改或删除规则,否则根据收集的电池结构和装配信息生成本体实例和语义装配关系。再次,利用规则库中的拆解规则生成多人异步拆解序列可行解和人机异步拆解序列可行解。最后,将此案例更新至案例库。需要说明的是,拆解规则库可补充和更新。

```
                        ┌─────────┐
                        │  开始   │
                        └────┬────┘
                             │
                    ┌────────▼────────┐
                    │   识别产品       │
                    │  的二维码信息    │
                    └────────┬────────┘
                             │
      否            ┌────────▼────────┐            是
   ┌───────────────┤  案例库中是否    ├───────────────┐
   │               │ 存在相同案例?   │               │
   │               └─────────────────┘               │
┌──▼──────┐                                           │
│ 获取产品 │                                          │
│ 特征信息 │                                          │
└──┬──────┘                                           │
   │                                                  │
┌──▼────────┐   是    ┌──────────────┐               │
│ 是否更新   ├────────►│ 更新拆解规则  │               │
│ 拆解规则? │         └──────┬───────┘               │
└──┬────────┘                │                        │
   │ 否                      │               ┌────────▼────────┐
   │◄───────────────────────┘               │ 生成匹配案例的   │
┌──▼──────────────┐                         │  拆解序列        │
│ 生成产品的本体实例,│                        └────────┬────────┘
│ 获取产品语义装配关系│                               │
└──┬──────────────┘                                  │
   │                                                 │
┌──▼──────────┐                                      │
│ 调用拆解规则 │                                      │
└──┬──────────┘                                      │
   │                                                 │
┌──▼──────────┐                         ┌────────────▼────┐
│ 生成并输出多个│                         │  输出拆解序列    │
│ 可行的拆解序列│                         └────────┬────────┘
└──┬──────────┘                                   │
   │                                              │
┌──▼──────────┐                                   │
│ 更新至案例库 │                                   │
└──┬──────────┘                                   │
   │                                              │
   │            ┌─────────┐                       │
   └───────────►│  结束   │◄──────────────────────┘
                └─────────┘
```

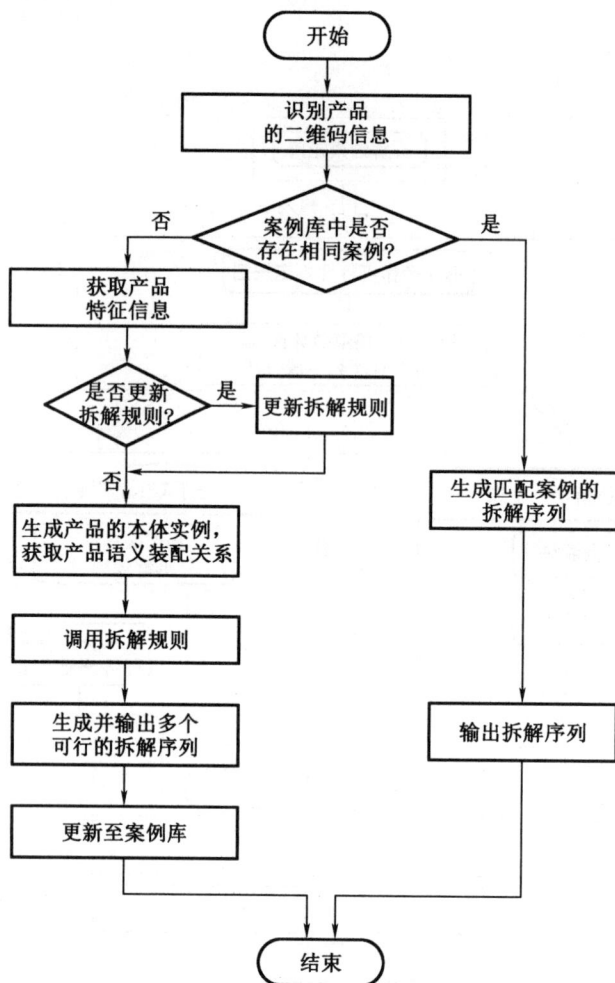

图 3-2 基于 CBR/RBR 的拆解序列生成流程图

3.2 零件拆卸可行性判定规则

根据拆解约束矩阵所表示的具体含义,本节制定了零件拆卸可行性判定规则,如下所示:

规则 1 当 $\mathbf{FM}(i,d)=0$ 时,连接件 i 可作为初始拆卸连接件。

规则 2 当 $\mathbf{FM}(i,d)=0$ 时,表示连接件 i 在 d 方向上无直接遮盖的功能零件,连接件 i 可沿着 d 方向被拆除。拆除这些连接件后需对 $\mathbf{FPFM}$ 进行更新,将已拆除的连接件的编号用 0 替换。

规则 3 当 $\mathbf{FPFM}(j,:)=0$,$\mathbf{FPCM}(j,d)=0$ 时,功能零件 j 可以沿着 d 方向被拆

除。其中，$\mathbf{FPFM}(j,:)=0$ 表示在所有拆卸方向（6 个方向）上没有连接件阻碍功能零件 j 的拆除，$\mathbf{FPCM}(j,d)=0$ 表示在 d 方向上没有其他功能零件阻碍功能零件 j 的拆除。拆除这些功能零件后需对 $\mathbf{FM}$ 和 $\mathbf{FPCM}$ 进行更新，将已拆除的功能零件的编号用 0 替换。

规则 4　当 $\mathbf{FPRM}(j1,d1)=j2$，$\mathbf{FPRM}(j2,d2)=j1$，且 $d1$ 和 $d2$ 方向相反时，表明功能零件 $j1$ 和 $j2$ 组成了一个限制功能零件对。若 $\mathbf{FPFM}(j1,:)=0$，$\mathbf{FPFM}(j2,:)=0$，且 $\mathbf{FPCM}(j1,d1)=j2$，$\mathbf{FPCM}(j2,d2)=j1$，则功能零件 $j1$ 可沿着 $d1$ 方向被拆除，同时功能零件 $j2$ 可沿着 $d2$ 方向被拆除。拆除这些功能零件后需对 $\mathbf{FM}$、$\mathbf{FPCM}$ 和 $\mathbf{FPRM}$ 进行更新，将已拆除的功能零件的编号用 0 替换。

规则 5　如果若干个功能零件或连接件是在同一个迭代步骤中被拆除的，那么这些零件之间的拆解顺序可任意交换。

3.3　异步–并行–局部破坏性–混合拆解可行序列生成方法

根据零件拆卸可行性判定规则，优先在法线方向拆解，生成可行的拆解序列，它是优化拆解序列前的必要步骤。

本章用到的术语和假设定义如下：

定义 1　法线方向：垂直于功能零件外表面的最大平面的方向。对线束、电缆、管道等无规则形状的功能零件而言，没有法线方向。

假设 1　当功能零件遇到多种先行拆解连接件时，先拆除线束插接件、扎带、卡扣，然后拆螺纹紧固件。

假设 2　针对使用焊接、胶接连接的两个功能件，先将其视为一个限制功能零件对拆除，然后再分别拆解。另外，子装配体、限制功能零件对都可看作功能零件进行拆解。

假设 3　对功能零件，假设在 $+X$、$-X$、$+Y$、$+Z$ 和 $-Z$ 方向上拆解，不可以沿着 $-Y$ 方向（即重力方向）拆解。这是因为处在下方的功能零件对处在上方的零件起到支承作用，并忽略拆解时的旋转。

假设 4　为了降低 ATB 拆解信息模型的复杂度，将连接组件相同、拆解方向相同或相反、拆解工具相同的零件作为一种零件拆解。

假设 5　假设功能零件的法线方向以及连接件的拆解方向在进行拆解前已经确定。

3.3.1　含子装配体产品的可行拆解序列生成方法

根据 ATB 的组成结构,考虑包含子装配体的 ATB 的可行拆解序列生成流程如图 3-3(a)和(b)所示。主程序的拆解过程为先将所有子装配体看作功能零件拆除,然后再分别拆解每个子装配体。综合产品的可行拆解序列和子装配体的可行拆解序列,可以得到多个含有子装配体产品的可行拆解序列。子程序的拆解过程为:根据规则 2,先拆除所有可拆卸的连接件,然后根据规则 3 拆除可拆卸的功能零件。对功能零件优先沿着法线方向拆卸,若沿着法线方向无法拆卸则沿着+Y方向拆卸。当某些功能零件没有法线方向时,优先沿着+Y的方向拆卸。若拆除的功能零件为限制功能零件对,则需要拆除组成该限制功能零件对的两个功能零件。

3.3.2　考虑环境与安全约束的拆解方法

在拆解 ATB 过程中,除了零件之间的装配结构对拆解序列存在约束外,还需考虑序列在实际拆解过程中的一些外在条件约束,主要包括:

(1)拆解工具约束

拆卸零件除了需要依赖正确的拆卸方法,还需要合适的工具。

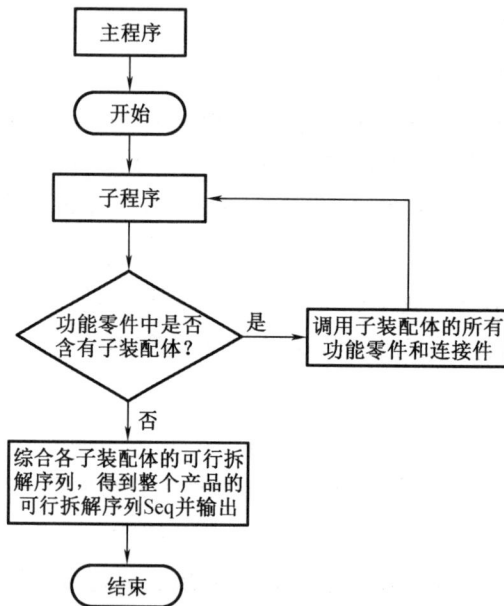

(a)主程序

图 3-3　考虑包含子装配体的 ATB 的可行拆解序列生成流程图

40

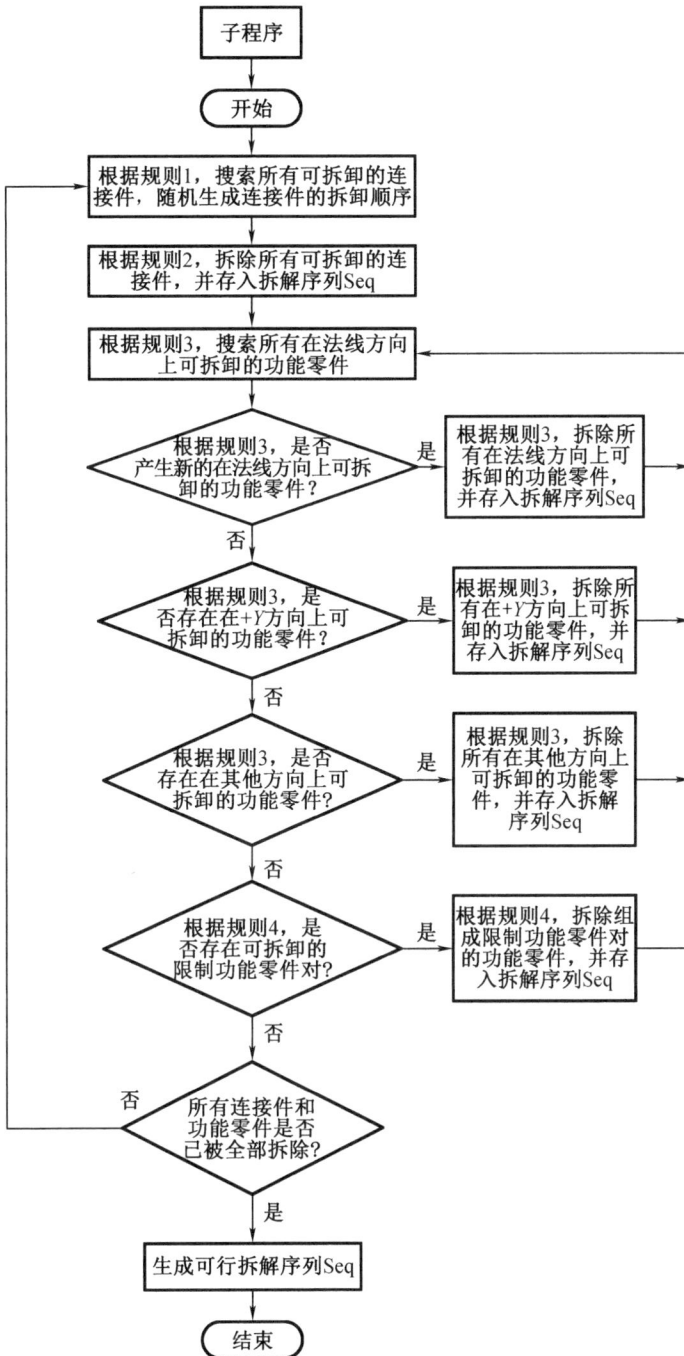

(b)子程序

图 3-3(续)

（2）环境约束

由于 ATB 中的有毒化学成分,如能致癌的氧化镍和氧化钴,以及这些成分在电池使用条件下的反应,拆卸操作不当可能会造成有毒有害物质或气体的泄漏,因此涉及的相关零件应尽早拆除。

(3)安全约束

由于 ATB 存在高电压和高度易燃的电解液,拆卸操作不当可能会造成触电、火灾和爆炸,给拆解人员造成伤害等安全事故,因此有安全隐患的相关零件应尽早拆除。

除了要满足以上约束外,对可行拆解序列还需进行目标优化评价,如拆解时间、拆解收益、拆解能耗等,从而获取近似最优的拆解序列。

拆解工具约束由人工经验知识制定拆解工具选择规则,通过推理获取零件的拆解工具。而环境约束和安全约束,尽管含义不同,但在 DSP 过程中二者的约束性质一样,存在 3 种情况:要求某一零件在某个或某些零件之前或之后拆卸,或者某一零件必须在某一步执行拆卸操作[137]。若电池仓有 n 个零件,其中连接件有 i 个,功能零件有 j 个,则 $n=i+j (i,j=1,2,\cdots)$。假设该零件为连接件,这 3 种情况的数学表达式如下:

(1)要求某一连接件 p_i 必须在功能零件 $\{p_1,\cdots,p_j\}$ 之前完成拆卸的人为约束 C_1 的数学表达式为

$$\mathbf{FPFM}(p_1,d_k)=p_i,\cdots,\mathbf{FPFM}(p_j,d_k)=p_i,d_k \text{ 表示拆卸方向},k=1,2,\cdots,6 \quad (3-1)$$

式(3-1)表示功能零件 $\{p_1,\cdots,p_j\}$ 的 **FPFM** 矩阵在方向 d_k 上的值为 p_i。

(2)要求某一连接件 p_i 必须在功能零件 $\{p_1,\cdots,p_j\}$ 之后完成拆卸的人为约束 C_2 的数学表达式为

$$\mathbf{FM}(p_i,d_k)=p_1,\cdots,p_j,d_k \text{ 表示拆卸方向},k=1,2,\cdots,6 \quad (3-2)$$

式(3-2)表示连接件 p_i 的 **FM** 矩阵在方向 d_k 上的值为 $\{p_1,\cdots,p_j\}$。

(3)要求某一连接件 p_i 必须在第一步完成拆卸的人为约束 C_3 的数学表达式为

$$\mathbf{FM}(p_i,d_k)=0,\mathbf{FPFM}(p_m,d_k)=p_i,d_k \text{ 表示拆卸方向},k=1,2,\cdots,6 \quad (3-3)$$

式(3-3)表示连接件 p_i 的 **FM** 矩阵某方向 d_k 的值为 0,且第一个拆卸的功能零件 $p_m (m=1,2,\cdots,j)$ 的 **FPFM** 矩阵在方向 d_k 上的值为 p_i。

若该零件为功能零件,则还需要对 **FPCM** 矩阵进行设置。

ATB 由多个模组串联而成,电压高达 300 V 以上。若断开模组之间的连接,可降低电压和触电隐患。因此根据安全约束,在拆解上盖、线束扎带后,优先拆除模组之间的串联铜排,断开模组之间的电气连接,从而降低电压,避免高压触电危险。根据环境约束,冷却残液可能会腐蚀其他物料,所以冷却管的拆卸安排在靠后的工序。这些约束采用 **FPFM** 和 **FPCM** 矩阵设置。

3.4　拆　解　规　则

3.4.1　局部破坏性拆解规则

大部分学者针对退役产品进行了非破坏性方式的拆解规则研究[72,77,138]。本书在文献[77]的研究基础上,依据拆解约束矩阵,制定了一组局部破坏性拆解规则,并采用 SWRL 语言描述,如表 3-1 所示。在规则中,功能零件可替换为子装配体。规则 1~23 为非破坏性拆解规则,规则 24~29 为破坏性拆解规则。规则 1~6 描述了存在直接遮盖装配关系的连接件和功能零件的拆解顺序,规则 7~12 描述了存在固定装配关系的连接件和功能零件的拆解顺序,规则 14~23 描述了存在直接遮盖装配关系的两个功能零件的拆解顺序,规则 24~29 描述了存在限制装配关系的两个功能零件的拆解顺序。

表 3-1　局部破坏性拆解规则

序号	SWRL 规则	拆解规则描述
1	Fastener(? f),FunctionalPart(? fp),isDirectCoveredBy_plusX(? f,? fp)->has_disassembled_after(? f,? fp)	如果一个连接件在其拆解方向上被一个功能零件直接遮盖,则该连接件要在该功能零件之后被拆卸
2	Fastener(? f),FunctionalPart(? fp),isDirectCoveredBy_minusX(? f,? fp)->has_disassembled_after(? f,? fp)	
3	Fastener(? f),FunctionalPart(? fp),isDirectCoveredBy_plusY(? f,? fp)->has_disassembled_after(? f,? fp)	
4	Fastener(? f),FunctionalPart(? fp),isDirectCoveredBy_minusY(? f,? fp)->has_disassembled_after(? f,? fp)	
5	Fastener(? f),FunctionalPart(? fp),isDirectCoveredBy_plusZ(? f,? fp)->has_disassembled_after(? f,? fp)	
6	Fastener(? f),FunctionalPart(? fp),isDirectCoveredBy_minusZ(? f,? fp)->has_disassembled_after(? f,? fp)	
7	FunctionalPart(? fp),Fastener(? f),isFixedBy_plusX(? fp,? f)->has_disassembled_after(? fp,? f)	如果一个功能零件在任意方向上被一个连接件固定,则该功能零件要在该连接件之后被拆卸
8	FunctionalPart(? fp),Fastener(? f),isFixedBy_minusX(? fp,? f)->has_disassembled_after(? fp,? f)	
9	FunctionalPart(? fp),Fastener(? f),isFixedBy_plusY(? fp,? f)->has_disassembled_after(? fp,? f)	

表 3-1（续1）

序号	SWRL 规则	拆解规则描述
10	FunctionalPart(? fp),Fastener(? f),isFixedBy_minusY(? fp,? f)-> has_disassembled_after(? fp,? f)	如果一个功能零件在任意方向上被一个连接件固定,则该功能零件要在该连接件之后被拆卸
11	FunctionalPart(? fp),Fastener(? f),isFixedBy_plusZ(? fp,? f)-> has_disassembled_after(? fp,? f)	
12	FunctionalPart(? fp),Fastener(? f),isFixedBy_minusZ(? fp,? f)-> has_disassembled_after(? fp,? f)	
13	FunctionalPart(? fp)->disassembledDirection_plusX(? fp,1),disassembledDirection_minusX(? fp,1),disassembledDirection_plusY(? fp,1),disassembledDirection_minusY(? fp,1),disassembledDirection_plusZ(? fp,1),disassembledDirection_minusZ(? fp,1)	更新一个功能零件,使其获得所有方向上的自由度(除-Y方向)
14	FunctionalPart(? fp),FunctionalPart(? fp1),isDirectCoveredBy_plusX(? fp,? fp1)->disassembledDirection_plusX(? fp,0)	如果功能零件 A 在某方向上(除-Y方向)被功能零件 B 直接遮盖,则功能零件 A 在该方向上不能被拆卸
15	FunctionalPart(? fp),FunctionalPart(? fp1),isDirectCoveredBy_minusX(? fp,? fp1)->disassembledDirection_minusX(? fp,0)	
16	FunctionalPart(? fp),FunctionalPart(? fp1),isDirectCoveredBy_plusY(? fp,? fp1)->disassembledDirection_plusY(? fp,0)	
17	FunctionalPart(? fp),FunctionalPart(? fp1),isDirectCoveredBy_plusZ(? fp,? fp1)->disassembledDirection_plusZ(? fp,0)	
18	FunctionalPart(? fp),FunctionalPart(? fp1),isDirectCoveredBy_minusZ(? fp,? fp1)->disassembledDirection_minusZ(? fp,0)	
19	FunctionalPart(? fp),FunctionalPart(? fp1),disassembledDirection_plusX(? fp,1),isDirectCoveredBy_plusX(? fp,? fp1)->has_disassembled_after(? fp,? fp1)	如果功能零件 A 在某方向上(除-Y方向)可以被拆卸,并且在该方向上,功能零件 A 被功能零件 B 直接遮盖,则功能零件 A 要在功能零件 B 之后被拆卸
20	FunctionalPart(? fp),FunctionalPart(? fp1),disassembledDirection_minusX(? fp,1),isDirectCoveredBy_minusX(? fp,? fp1)->has_disassembled_after(? fp,? fp1)	
21	FunctionalPart(? fp),FunctionalPart(? fp1),disassembledDirection_plusY(? fp,1),isDirectCoveredBy_plusY(? fp,? fp1)->has_disassembled_after(? fp,? fp1)	
22	FunctionalPart(? fp),FunctionalPart(? fp1),disassembledDirection_plusZ(? fp,1),isDirectCoveredBy_plusZ(? fp,? fp1)->has_disassembled_after(? fp,? fp1)	
23	FunctionalPart(? fp),FunctionalPart(? fp1),disassembledDirection_minusZ(? fp,1),isDirectCoveredBy_minusZ(? fp,? fp1)->has_disassembled_after(? fp,? fp1)	

表 3-1(续 2)

序号	SWRL 规则	拆解规则描述
24	FunctionalPart(？fp), FunctionalPart(？fp1), restrict_plusX(？fp,？fp1)->has_disassembled_after(？fp,？fp1), has_disassembled_after(？fp1,？fp)	
25	FunctionalPart(？fp), FunctionalPart(？fp1), restrict_minusX(？fp,？fp1)->has_disassembled_after(？fp,？fp1), has_disassembled_after(？fp1,？fp)	
26	FunctionalPart(？fp), FunctionalPart(？fp1), restrict_plusY(？fp,？fp1)->has_disassembled_after(？fp,？fp1), has_disassembled_after(？fp1,？fp)	如果在某方向上(除-Y 方向), 功能零件 A 与功能零件 B 相互限制, 则功能零件 A 与功能零件 B 可同时被拆卸
27	FunctionalPart(？fp), FunctionalPart(？fp1), restrict_minusY(？fp,？fp1)->has_disassembled_after(？fp,？fp1), has_disassembled_after(？fp1,？fp)	
28	FunctionalPart(？fp), FunctionalPart(？fp1), restrict_plusZ(？fp,？fp1)->has_disassembled_after(？fp,？fp1), has_disassembled_after(？fp1,？fp)	
29	FunctionalPart(？fp), FunctionalPart(？fp1), restrict_minusZ(？fp,？fp1)->has_disassembled_after(？fp,？fp1), has_disassembled_after(？fp1,？fp)	

3.4.2　拆解工具选择规则

拆解工具的选择是由经验积累的, 可通过人工经验知识制定拆解工具选择规则, 并进行推理获取零件的拆解工具。Tian 等[139]以螺栓为拆解对象, 采用混合算法对不同拆解工具的拆解效率进行优化。Jiang 等[78]以机电产品为拆解对象, 采用一阶逻辑表达式描述零件连接关系和拆解工具规则。ATB 的主要拆解工具与连接方式如表 3-2 所示。这里采用 SWRL 描述拆解工具选择规则。SWRL 规则的语法形式如下:

$$C_1, C_2, \cdots, C_m -> R_1, R_2, \cdots, R_n$$

其中, $C_1, C_2, \cdots, C_m$ 是规则的条件, $R_1, R_2, \cdots, R_n$ 是规则的结果。由式(3-4)所示的 SWRL 表达式用于表达选择拆解工具的拆解知识。

$$Class(Fastener/FunctionalPart, p_i), Class(Fastener/FunctionalPart, p_j), Class(Connection, c_{ij}), has\_connection(p_i, c_{ij}), has\_connection(p_j, c_{ij}) -> is\_removed\_with(c_{ij}, t_k)$$

$$(3-4)$$

式中,对属于零件类 Fastener/FunctionalPart 的零件 p_i 和 p_j,属于连接关系类 Connection 的连接关系 c_{ij},如果 p_i 有连接关系 c_{ij},p_j 也有连接关系 c_{ij},则推理可知解除连接关系 c_{ij} 使用拆解工具 t_k。表达的实例如式(3-5)所示。其拆解工具知识是:若两个功能零件的连接关系是胶接,则应当使用一字螺丝刀拆卸。因此,根据零件类型和连接关系可以推理出拆卸某零件的工具。

$$Class(FunctionalPart, p_i), Class(FunctionalPart, p_j), Class(Gluing, c_{ij}), has\_connection(p_i, c_{ij}), has\_connection(p_j, c_{ij}) -> is\_removed\_with(c_{ij}, Slotted\_screw\_dirver) \quad (3-5)$$

表 3-2 ATB 的主要拆解工具与连接方式

序号	连接件	连接方式	拆解工具	工具编号
1	螺栓、螺钉、螺母	螺纹连接	气批	T1
2		胶接	一字螺丝刀	T2
3	线束插接器	固定连接	一字螺丝刀	T2
4	扎带	固定连接	斜口钳	T3
5			吊具	T4
6	卡扣、固定锚	固定连接	尖嘴钳	T5
7		塑封/焊接	切割机	T6

3.5 基于 CBR 的拆解序列生成方法

本书采用 CBR/RBR 方法作为拆解知识的重用和推理机制。CBR 是指根据关键特征在案例库中进行检索,找出与待求解问题最相近的匹配案例,从中提取经验或特定知识来解决新问题。在案例推理过程中,案例表达、案例检索和案例调整是案例推理研究的核心问题。本书首先对待回收的 ATB 进行案例的检索与匹配。由于 ATB 的装配结构信息不全,无法对相似案例进行方案调整,所以若匹配成功,则匹配案例的拆解序列可以直接指导拆解,否则执行基于 RBR 的拆解序列生成方法。

3.5.1 案例表达

案例推理的基础是案例的表达。退役 ATB 的案例可以用一个三元组来描述[140]:

$$CASE = \{N, F, S\} \quad (3-6)$$

式中,N 为案例号;$F = (F_1, F_2, \cdots, F_n)$,为案例的数据属性描述;$S$ 为拆解任务方案。拆解案例数据属性描述的向量集表示为

$$F_i = \{ T_i, \omega_{F_i}, V_i \} \tag{3-7}$$

式中，F_i 为案例的第 i 个数据属性；T_i 为第 i 个数据属性的名称；ω_{F_i} 为该数据属性与其他数据属性的关联相对权重；V_i 为数据属性 F_i 的实际值。拆解案例表示如表 3-3 所示。

表 3-3　拆解案例表示

Case number(N):PE1
Data features of used cases(F)
Product information:type_code,material_code,vendor_code,model_code,trace_information_code,date_code,serial_number,secondary_use_code
Part information：id,component_name,quantity,weight
Disassembly information:disassembled direction,normal direction
Solution(S)
Disassembly sequence
Disassembly direction
Disassembly tool

3.5.2　案例检索

案例的检索与匹配是案例推理技术的关键环节,其目的是从案例库中找到与待回收产品的语义描述模型最接近的案例[141]。

通常一个案例有很多数据属性。为了降低案例检索的复杂度,选取对案例检索有重要影响的数据属性作为影响因子。ATB 案例由 5 个影响因子决定,分别是:type_code(C_1),material_code(C_2),vendor_code(C_3),model_code(C_4),secondary_use-_code(C_5)(即产品类型代码、材料类型代码、厂商代码、规格型号代码和梯级利用代码)。这些影响因子用数字和英文字母来描述,属于字符串值。影响因子之间的局部相似度的计算公式为

$$\mathrm{Sim}(C_i^{\mathrm{T}}, C_i^{\mathrm{S}}) = \begin{cases} 1, C_i^{\mathrm{T}} = C_i^{\mathrm{S}} \\ 0, C_i^{\mathrm{T}} \neq C_i^{\mathrm{S}} \end{cases}, i = 1, 2, \cdots, m \tag{3-8}$$

式中, m 为影响因子总数。若目标案例 T 与案例库中的源案例 S 的影响因子 C_i 描述的字符/字符串完全相同,则局部相似度赋值为 1;否则就是 0。

根据拆解案例影响因子的局部相似度,可以采用式(3-9)计算出 T 与 S 之间的总体相似度:

$$\mathrm{Sim}(\mathrm{T}, \mathrm{S}) = \sum_{i=1}^{m} \omega(C_i) \mathrm{Sim}(C_i^{\mathrm{T}}, C_i^{\mathrm{S}}) \tag{3-9}$$

式中，$\omega(C_i)$ 为影响因子 C_i 的权重系数，$\omega(C_i) \in [0,1]$，且 $\sum_{i=1}^{m} \omega(C_i) = 1$。

通过比较不同影响因子对 ATB 进行 DSP 的重要性，采用层次分析法构造判断矩阵。表 3-4 是案例中的判断矩阵。根据表 3-4 可以确定每个影响因子的权重系数 $\omega(C_i)$ 和一致性比率 CR = 0.001 569 1 < 0.1。

表 3-4　判断矩阵

影响因子	影响因子					权重系数 $\omega(C_i)$
	C_1	C_2	C_3	C_4	C_5	
C_1	1	1/2	1/5	1/7	1/3	0.056 77
C_2	2	1	1/2	1/3	2/3	0.122 52
C_3	5	2	1	5/7	5/3	0.271 61
C_4	7	3	7/5	1	2	0.373 46
C_5	3	3/2	3/5	1/2	1	0.175 64

若目标案例 T 与源案例 S 的总体相似度 Sim(T,S) > ε（ε 为相似度阈值），则可将 S 的任务方案作为 T 的任务方案。若总体相似度 Sim(T,S) ≤ ε，则不进行案例调整，采用规则推理获取任务方案。本书设置 ε = 0.95。

3.6　基于 RBR 的拆解序列生成方法

当案例匹配不成功时，执行基于 RBR 的拆解序列生成方法。本节根据异步-并行-局部破坏性-混合拆解可行序列生成方法和拆解规则设计了多人异步拆解和人机异步拆解可行序列生成方法。

3.6.1　多人异步拆解可行序列生成方法

图 3-4(a) 和 (b) 为多人异步拆解可行序列生成流程图。根据此序列生成方法和拆解约束矩阵，迭代使用表 3-1 中定义的拆解规则，可获得每个零件的拆解方向（disassembledDirection_plusX、disassembledDirection_minusX、disassembledDirection_plusY、disassembledDirection_minusY、disassembledDirection_plusZ、disassembledDirection_minusZ），以及所有零件之间的拆解优先级关系（has_disassembled_after）。将所有拆解方向和拆解优先级关系进行综合，就可得到多个拆解序列可行解。

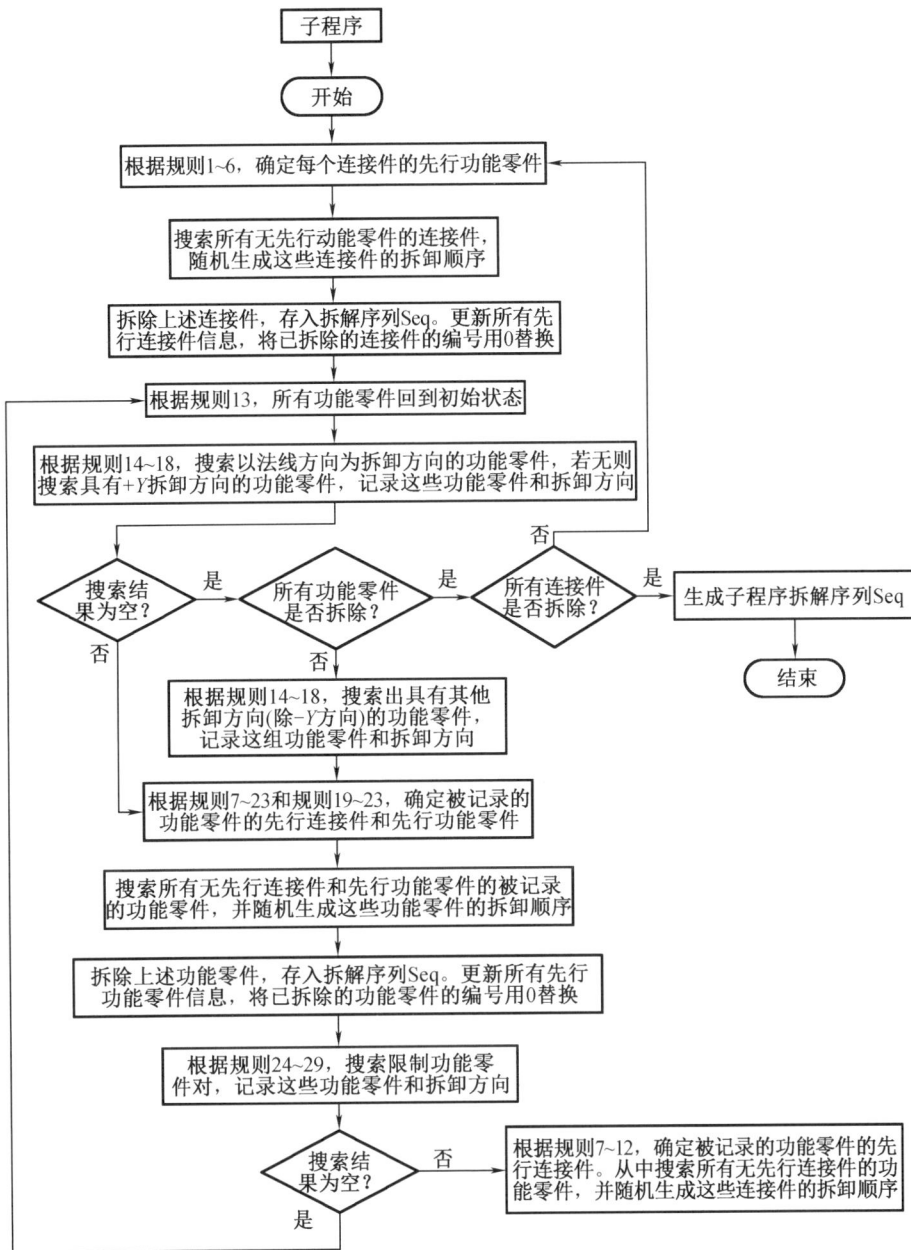

(a)子程序

图 3-4　多人异步拆解可行序列生成流程图

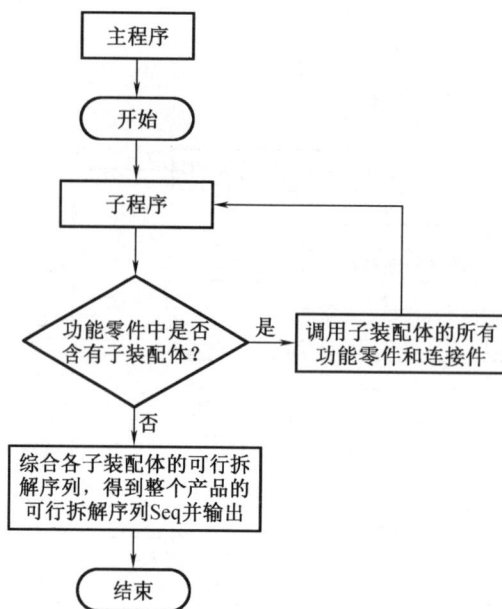

(b)主程序

图 3-4(续)

3.6.2　人机异步拆解可行序列生成方法

ATB 的设计缺乏标准化导致电池拆解难以实现完全自动化。机器人拆解电池可以降低拆解工人受到伤害的风险,且自动化程度的提高会降低劳工成本。而人机协作拆解使大规模回收利用 ATB 更具经济可行性,可满足灵活性不同的拆解需求[29]。

多人异步拆解 ATB 模式的劳工成本高,抗危险和抗疲劳能力弱,本节研究人机异步拆解 ATB 模式以解决这些问题。人机异步拆解序列生成需考虑拆解工人与机器人的拆卸特点来合理分配拆解任务,比多人异步拆解序列生成更为复杂。本节提出一种基于零件自动化潜力评估的任务分配方法,对 ATB 的拆解任务进行分类和分配,生成人机可执行的拆解序列。

1. 问题描述

目前车用电池包、模组和单体的设计还没有标准化,它们的拆解和废物处理通常涉及更少的结构化环境和更大的不确定性。这给动力电池自动化拆解带来了极大的挑战,以至于很多拆解企业仍然采用手工拆解电池。随着 ATB 退役量逐年增多,多人拆解电池的弊端日显突出,已经满足不了市场和环境的需求。

报废 ATB 回收状态的不确定性会导致拆解过程的不确定性,如螺栓生锈或滑丝导致使用螺丝刀无法拆解、部分零件变形等,这导致原定的拆解执行方案需调整。在这些情况下,拆解工人根据经验可以灵活迅速地调整方案,提高拆解过程的灵活性。

当出现某些零件的拆解位置狭小、可达性差,或某些拆解操作复杂精细等情况时,若采用机器人拆解,会增大自动化拆解的难度和成本。这类拆解操作需转交给工人处理,重新调整任务分配来动态适应实际的拆解过程。但某些情况不适合工人执行拆解操作,如重复执行简单的操作容易导致工人的注意力涣散,影响拆解质量与效率;对于有害零件和有高压危险的零件,工人在执行拆解操作时,需采取防护措施;较重的部件如模组、底壳等容易提高拆解工人的疲劳水平,甚至影响其健康状态。机器人能够高效重复执行简单操作,抗危险和负重能力强,且不会疲劳,可以轻松执行以上操作。因此,相较于自动化拆解,从经济和拆解效率的角度考虑,人机协作拆解 ATB 实现的可能性会更高。工人与机器人共用拆解工作站,可以发挥各自的优势以及优劣互补,提高了拆解过程的容错性、灵活性和效率。

Wegener 等[109]提出了一种电动汽车电池人机协作拆解工作站,如图 3-5 所示。拆解工人和机器人共享同一个工作空间,方便接触到待拆解电池。由于拆解工人和机器人需要使用各自的拆解工具,所以工作站设有相关的拆解工具并放置于拆解工人和机器人旁边。工人旁边的拆解工具包括螺丝刀、尖嘴钳、斜口钳和切割设备等。工人执行较复杂的任务,如撬开用卡扣连接或在一定程度上用胶水粘连的零件、拔出电缆或切断扎带。机器人旁边的拆解工具由不同种类的套筒扳手和夹具等组成,可以执行拧松螺栓或夹取零件等操作。这些零件的位置可以手动指示,也可以通过摄像头检测。类似的拆解工作站在文献[30]中也有所描述。

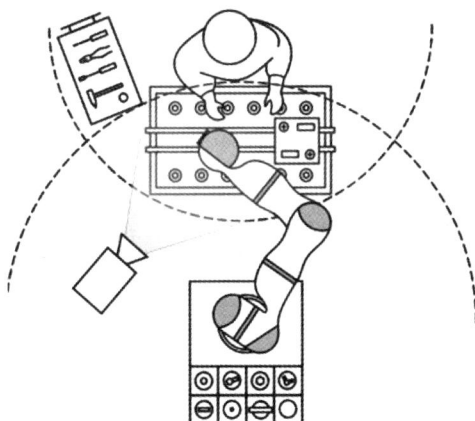

图 3-5　电动汽车电池人机协作拆解工作站

2.拆解自动化潜力评估标准

在执行人机协作拆解任务之前,需要通过人机 DSP 指导整个拆解过程。人机拆解序列包含零件的拆解顺序信息和任务分配信息。多机器人协作或多人协作完成产品拆解,无须考虑拆解执行者的能力差异,随机分配拆解任务即可。而人机协作拆解产品,在分配拆解任务时不是简单地平衡工人和机器人之间的工作量,而是需要根据优化目标,同时考虑工人和机器人的特性,使得拆解效率最高。

在拆解过程中,有些拆解任务在技术上难以实现自动化,有些拆解任务没有实现自动化的必要。因此,需分析每个任务的拆解特点,评估它们的自动化潜力,再进行任务分类。考虑自动化潜力的人机协作拆解任务分配框架图如图3-6所示。分配方法如下:首先根据ATB的拆解特点,制定拆解任务的自动化潜力评估标准,对每项任务评分,获取分类标签。对只能分配给机器人的任务,分类标签设为R;对只能分配给工人的任务,分类标签设为H;对工人或机器人都可以分配的任务,分类标签设为H/R。其次,针对分类标签为H/R的任务,根据优化目标采用合适的分配策略,确定分配结果。

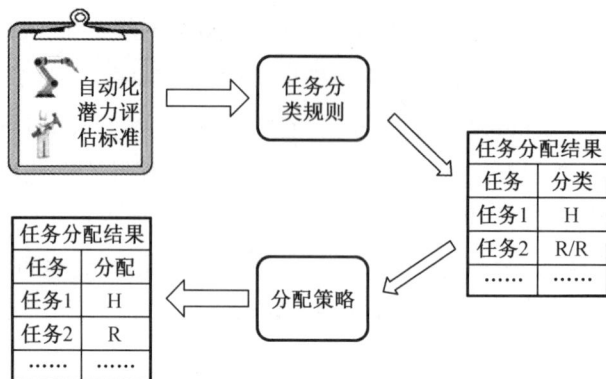

图3-6　人机协作拆解任务分配框架图

本书采用文献[8]提出的电池拆解自动化潜力评估标准目录用于拆解任务分类,该评估标准目录包含10个权重相同的简单属性:5个为NA,5个为TAA。根据评估要求,对每个拆解任务进行评分,再根据NA和TAA的分数对每个拆解任务进行任务分配。文献[22]的评分标准范围仅为[-1,1],为了更准确地评估,应将每个标准的评分范围设置得更细致。这里将评分范围设置为[-2,2],标准目录如表3-5和表3-6所示。NA和TAA的值用公式和表示。其中,NA_i和TAA_i为每个标准的得分。这样,每个拆解任务的NA和TAA的得分范围均为[-100,100]。

$$NA = 10 \times \sum_{i=1}^{5} NA_i \tag{3-10}$$

$$TAA = 10 \times \sum_{i=1}^{5} TAA_i \tag{3-11}$$

表 3-5 NA 的评估标准

类别	序号	属性	评分标准					备注
			2	1	0	-1	-2	
NA	1	动作数量（个）	2, 动作量很多	1, 动作较多	0, 动作数量中等	-1, 动作数量较少	-2, 动作数量很少	考虑动作种类和同种零件数量
	2	手动拆解时间/s	2, 拆解时间很长	1, 拆解时间较长	0, 拆解时间一般	-1, 拆解时间较短	-2, 拆解时间很短	基于方法时间衡量（Methods Time Measurement, MTM）近似测量
	3	危险（高压保护，危险范围材料）	2, 有高压和化学危险，也有锋利的边缘的可能性	1, 有高压或化学危险，也有锋利的边缘的可能性	0, 有高压或化学危险，没有锋利的边缘的可能性	-1, 没有高压和化学危险，只有锋利的边缘的可能性	-2, 没有高压危险，没有锋利的边缘的可能性	危险范围：锋利的边缘，化学物质，高压危险。必须考虑对工人的必要保护及其成本和较长的工作时间
	4	质量	2, ≥25 kg或具有较强的弯曲/扭转和远离身体的质量	1, <25 kg，距离较远或具强的弯曲/扭转	0, <15 kg或身体中等弯曲，部分远离身体	-1, <10 kg或身体轻微弯曲	-2, <5 kg，上身直，部分靠近身体	结合姿势和质量。工人不能长时间重复或多次重复负重。分数越高越倾向于自动化
	5	优先权（值）	2, 必须得到单体或其他有价值的材料	1, 必须得到单体	0, 不是必须得到单体，但必须得到其他有价值的材料	-1, 材料不是有价值，但是需对不同的材料进行分类，以便回收利用	-2, 材料成本低，不是必须得到单体	经济驱动标准

表 3-6 TAA 的评估标准

类别	序号	属性	评分标准					备注
TAA	1	动作的复杂性（对于机器人，不同动作的次数）	2，几个简单的标准动作（只有平移和旋转），例如，简单的螺钉，拆卸，抓取	1，中等数量的标准动作（允许两次更换工具），例如，不同的螺钉拆卸	0，更复杂的动作或更多的工具更换，例如，撬，切割或更大的抓取	-1，复杂的动作（最多1次）或更多的工具更换和更换许多工具	-2，非常复杂的操作，例如，特殊的拔掉	动作的数量和难度相结合
	2	末端执行器的访问	2，完全开放，任何末端执行器都可以接近零件	1，开放，但末端执行器受尺寸限制，或需侧访问	0，需要加长末端执行器（如加长螺丝刀）	-1，需要小工具或角度螺丝刀	-2，对于机器人末端执行器来说根本没有访问权限	为了实现自动化拆解，要求给定的末端执行器能够很容易地接近零件
	3	检测的可能性	2，视野开阔，无阴影，色彩对比度好，以及相对较大的部件	1，视野开阔，有阴影，或对比度差，或中等尺寸的部件	0，部分隐藏或对比度差，以及有阴影或较小尺寸的部件	-1，部分隐藏和对比度差，和/或细小部件	-2，完全隐藏，没有机会测出零件	检测和定位零件的视觉系统
	4	机器人末端执行器的自动化潜力	2，有多种自动化工具可供选择	1，有一些现有的自动化工具可供选择	0，至少有一个现有的自动化可供选择（没有完全测试）	-1，提出自动化概念，尚未完全实现	-2，没有提出自动化概念，关于未来自动化的可能性不确定	对不同自动化的研究状态的研究，选择的数量来进行评估，二者影响系统的实现水平和可靠性

表 3-6（续）

类别	序号	属性	评分标准				备注
TAA	5	材料处理	2，将简单的紧固件如螺钉收集到金属箱中以进行简单的进一步回收	1，零件材料单一，只是金属；尺寸较小或中等，如托架	0，无法分类的不同材料，或者非常大的部件，如带传感器的电缆	−1，如果零件比较大，又涉及不同的材料，回收就比较困难	零件的尺寸和材料种类影响回收
						−2，如果零件非常大，形状笨重或涉及危险材料，如含有易燃烧的冷却剂的冷却板，回收就非常困难	

3. 人机拆解任务分配方法

本书拆解任务的分配方法是将零件作为任务,先对零件进行分类,再将相关任务分配给工人或机器人。根据文献[8]的结论,NA≥0 和 TAA≥50 时,这些任务可以实现自动化拆解。如果某拆解任务的 TAA<50,表示机器人执行该任务有困难,不分配给 R,即拆解任务分类规则如式所示。

$$任务分类 = \begin{cases} R, & 当\ NA>0, TAA \geq 50\ 时 \\ H/R, & 当\ NA \leq 0, TAA \geq 50\ 时 \\ H, & 其他 \end{cases} \quad (3-12)$$

采用拆解任务分类规则对每个拆解任务分类,对于分类标签是 H/R 的拆解任务,文献[142]制定了 4 种策略进行随机分配,分别是随机策略、任务均衡策略、拆解时间优先策略和拆解难度优先策略。本书的自动化潜力评估标准里已考虑拆解难度和拆解时间的情况,因此,本书采用任务均衡策略进行分配,有利于缩短整个拆解过程的完成时间。任务均衡策略是指将下一任务分配给与本任务不同的执行者,例如,本次分配给 H,则下次分配给 R。

4. 人机异步拆解可行序列生成方法

前文提出的多人异步拆解可行序列生成方法只能生成普通的并行拆解序列,无法针对其零件类型分配任务,因此不适用于人机异步拆解[142]。本书采用依次确定零件的顺序与任务分配的策略,图 3-7 为人机异步拆解可行序列生成流程图。

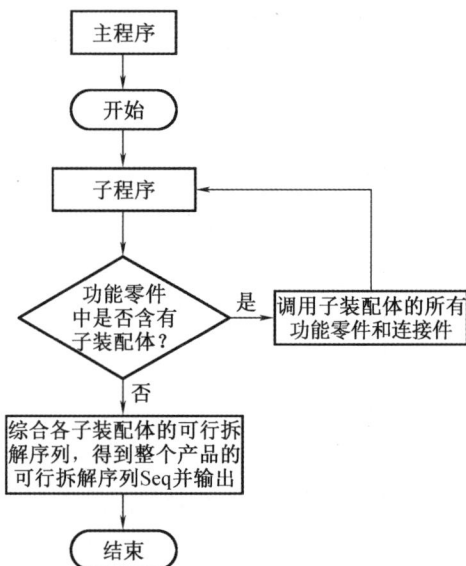

(a)主程序

图 3-7 人机异步拆解可行序列生成流程图

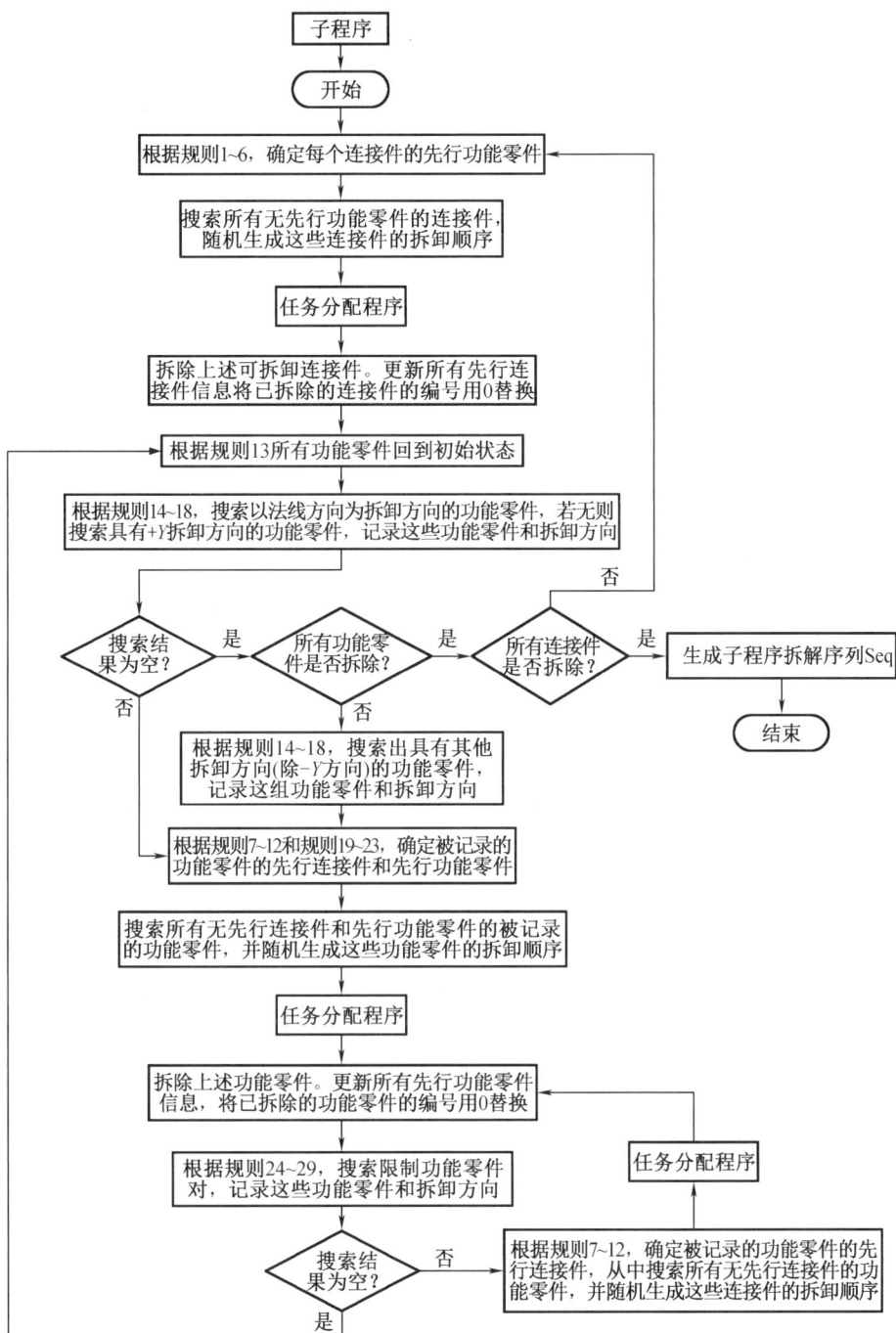

```
                         ┌─────────┐
                         │ 子程序  │
                         └────┬────┘
                         ┌────┴────┐
                         │  开始   │
                         └────┬────┘
                              │
    ┌──────────────────────────────────────────────────────────┐◄──────┐
    │ 根据规则1~6，确定每个连接件的先行功能零件                 │       │
    └────────────────────────┬─────────────────────────────────┘       │
    ┌────────────────────────┴─────────────────────────────────┐       │
    │ 搜索所有无先行功能零件的连接件，                          │       │
    │ 随机生成这些连接件的拆卸顺序                              │       │
    └────────────────────────┬─────────────────────────────────┘       │
                    ┌────────┴────────┐                                 │
                    │  任务分配程序   │                                 │
                    └────────┬────────┘                                 │
    ┌────────────────────────┴─────────────────────────────────┐       │
    │ 拆除上述可拆卸连接件。更新所有先行连                      │       │
    │ 接件信息将已拆除的连接件的编号用0替换                     │       │
    └────────────────────────┬─────────────────────────────────┘       │
    ┌────────────────────────┴─────────────────────────────────┐       │
    │ 根据规则13所有功能零件回到初始状态                        │       │
    └────────────────────────┬─────────────────────────────────┘       │
    ┌────────────────────────┴─────────────────────────────────┐       │
    │ 根据规则14~18，搜索以法线方向为拆卸方向的功能零件，若无则 │       │
    │ 搜索具有+Y拆卸方向的功能零件，记录这些功能零件和拆卸方向  │       │
    └────────────────────────┬─────────────────────────────────┘       │
```

搜索结果为空？ —是→ 所有功能零件是否拆除？ —是→ 所有连接件是否拆除？ —是→ 生成子程序拆解序列Seq → 结束

否↓（搜索结果为空）

否↓（所有功能零件是否拆除）

否←（所有连接件是否拆除）

```
    │ 根据规则14~18，搜索出具有其他
    │ 拆卸方向(除-Y方向)的功能零件，
    │ 记录这组功能零件和拆卸方向
    │ 根据规则7~12和规则19~23，确定被记录的
    │ 功能零件的先行连接件和先行功能零件
    │ 搜索所有无先行连接件和先行功能零件的被记录
    │ 的功能零件，并随机生成这些功能零件的拆卸顺序
    │        任务分配程序
    │ 拆除上述功能零件。更新所有先行功能零件
    │ 信息，将已拆除的功能零件的编号用0替换
    │ 根据规则24~29，搜索限制功能零件
    │ 对，记录这些功能零件和拆卸方向
```

任务分配程序

搜索结果为空？ —否→ 根据规则7~12，确定被记录的功能零件的先行连接件，从中搜索所有无先行连接件的功能零件，并随机生成这些连接件的拆卸顺序

是↑

(b)子程序

图 3-7（续）

任务分配程序

开始

从可拆卸零件中顺序取出一可拆卸零件q，获取拆卸方向d_q

零件q的任务分类标签=R？ —是→ 将$q^1(d_q)$存入拆解序列Seq

否

零件q的任务分类标签=H？ —是→ 将$q^0(d_q)$存入拆解序列Seq

否

根据任务分配策略选择$q^1(d_q)$或$q^0(d_q)$存入拆解序列Seq

可拆卸零件是否全部分配完毕？ 否→ ／ 是↓

结束

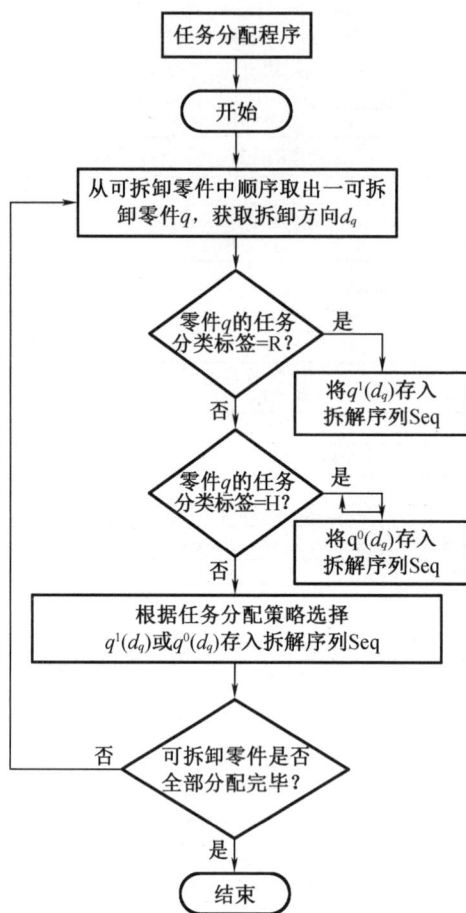

(c)任务分配程序

图 3-7(续)

在主程序中，若产品包含子装配体，则将子装配体作为功能零件拆卸；当调用子装配体的所有零件时，则将子装配体作为产品拆解。人机异步拆解可行序列 Seq 的格式为 Seq = $\{x_1^k, x_2^k, \cdots, x_n^k\}$，其中任务执行者 $k \in \{0, 1\}$，x_i 表示零件和拆解方向，$i = 1, 2, \cdots, n$，n 表示产品零件总数。Seq 可拆分为工人拆解序列 Seq^0 = $\{x_1^0, x_2^0, \cdots, x_{n_h}^0\}$ 与机器人拆解序列 Seq^1 = $\{x_1^1, x_2^1, \cdots, x_{n_r}^1\}$。$n_h$ 表示工人拆解的零件数量，n_r 表示机器人拆解的零件数量。例如，Seq = $\{3^0(-X), 11^0(-Z), 7^1(+Y), 2^1(+Y), 5^0(+Z)\}$ 表示工人的拆解序列为 $\{3(-X), 11(-Z), 5(+Z)\}$，机器人的拆解序列为 $\{7(+Y), 2(+Y)\}$。

在子程序中，先搜索可拆卸零件，并随机生成可拆卸零件的拆卸顺序，再逐一进行任务分配，然后拆除全部可拆卸零件，并更新先行功能零件和先行连接件的编号。其中，可拆卸零件满足要求：无先行功能零件的连接件可拆卸，无先行功能零件和无先行连接件的功能零件可拆卸。

在任务分配程序中，从可拆卸零件中顺序选择某零件，获取其拆解方向并进行任务分配,加入到拆解可行序列 Seq 中,直到可拆卸零件全部分配完为止。

　　任务分配流程为:首先采用自动化潜力评估标准对所有零件评分,其次根据任务分类规则对每个零件分类,将分类标签为 R 的零件分配到机器人拆解序列,将分类标签为 H 的零件分配到工人拆解序列,对于分类标签为 H/R 的零件,则根据任务均衡分配策略进行分配。

　　在零件拆除后,需更新关于此零件的先行连接件和先行功能零件。更新过程为:若连接件 A 被拆除,而功能零件 B 的先行连接件为连接件 A,则将功能零件 B 的先行连接件的编号设置为 0。若功能零件 B 被拆除,而功能零件 C 的先行功能零件为功能零件 B,连接件 A 的先行功能零件也为功能零件 B,则将功能零件 C 的先行功能零件的编号设置为 0,将连接件 A 的先行功能零件的编号也设置为 0。

3.7　实例验证

　　本书以某款 PHEV 的动力锂离子电池包(Plug - in Hybrid Lithium Ion Battery Pack,PHLBP)为例验证混合拆解可行序列生成方法的可行性。PHLBP 由电池管理控制器(Battery Management Controllor,BMC)、8 个模组、电池接线盒(Battery Junction Box,BJB)和冷却系统组成。其中每个模组包含 12 个单体,总共 96 个单体。拆解 ATB 的目的是对其进行梯级利用。可将 ATB 先拆解成模组,如果检测后模组不能梯级利用则继续将其拆解成单体。因此,本案例考虑电池包和模组分别作为产品的两种拆解情况:将电池包拆解成模组和将模组拆解成单体。

　　图 3-8 和图 3-9 为将电池包(PHLBP)拆解成模组的详细图片,图 3-10 为将模组拆解成单体的爆炸图,并标注了各零件。表 3-7 列出了电池包的零件信息。如果只考虑零件之间的装配约束关系,模组间的串联铜排(零件编号 10)可以与零件 11 ~ 17 组成一个子装配体,在 8 号零件之后拆卸,冷却管(零件编号 18)也可以在 8 号零件之后拆卸[143]。然而,根据前文描述的安全约束,在将电池包拆解成模组的过程中,需将模组间的串联铜排尽早拆卸,因此不能将它作为子装配体的功能零件拆卸,而是作为电池包的功能零件在 4 号零件之后尽早拆卸,降低电池包的高压,之后再拆卸其他零部件。根据前文描述的环境约束,冷却管尽量在 9 号和 15 号零件之后拆卸,避免拆卸时管中的残液腐蚀其他零件。这些约束将在拆解约束矩阵中设置。

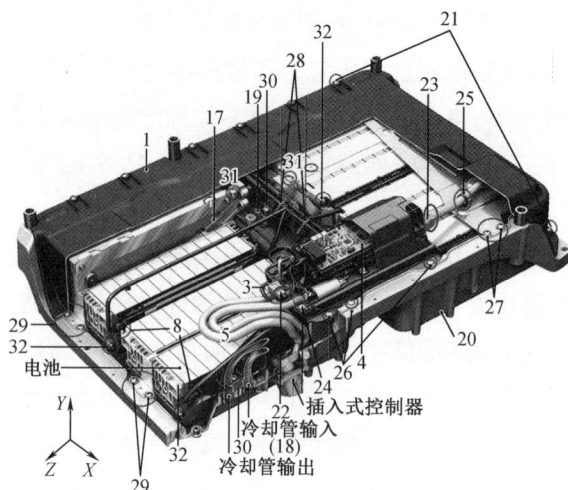

图 3-8　PHLBP 的轴测剖视图[23]

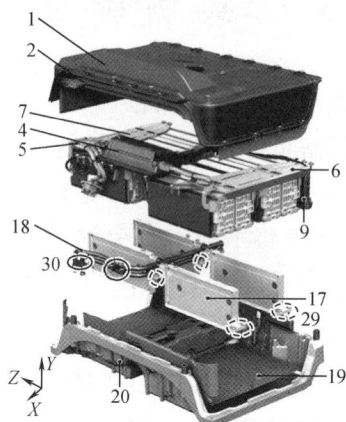

(a)电池包的爆炸图[23]

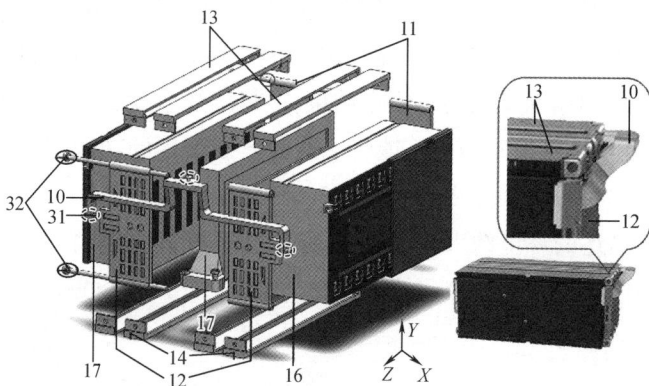

(b)模组块的爆炸图

图 3-9　PHLBP 的爆炸图

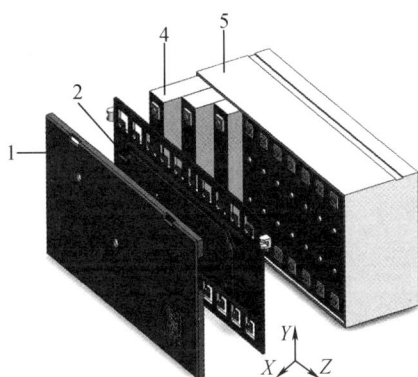

图 3-10　模组(零件编号为 16,17)的爆炸图

表 3-7　电池包的主要零件表

零件编号	零件名称	零件类型	拆卸工具	数量/个	NA	TAA	分配类型
1	上盖	功能零件		1	30	30	H
2	上绝缘层	功能零件		1	-10	30	H
3	BJB 连接器(含胶剂)	功能零件	一字螺丝刀	1	-20	0	H
4	BJB	功能零件		1	20	50	R
5	高压电缆和连接器	功能零件		1	-10	20	H
6	右侧顶部横向盖板	功能零件		1	-10	60	H/R
7	左侧顶部横向盖板	功能零件		1	-10	60	H/R
8	CMC-BMC 插入式电缆	功能零件		1	0	-30	H
9	BMC	功能零件		1	10	50	R
10	模组间的串联铜排	功能零件		4	-10	60	H/R
11	右端模组连接板	功能零件		8	-30	50	H/R
12	左端模组连接板	功能零件		8	-30	50	H/R
13	模组顶部压板	功能零件		16	-10	50	H/R
14	模组底部压板	功能零件		16	-10	50	H/R
15	冷却板	功能零件		4	-30	-10	H
16	前端模组	功能零件		4	50	30	H
17	后端模组	功能零件		4	50	30	H
18	冷却管	功能零件		2	-10	30	H
19	下层绝缘体	功能零件		1	-40	30	H
20	底壳(铝)	功能零件		1	-30	30	H
21	上盖四周螺栓	连接件	气批	18	30	50	R
22	BJB 的线束插接件	连接件		1	-20	-20	H

表 3-7(续)

零件编号	零件名称	零件类型	拆卸工具	数量/个	NA	TAA	分配类型
23	CMC 的线束插接件	连接件		1	0	-20	H
24	高压电缆螺栓	连接件	气批	4	20	60	R
25	高压电缆扎带	连接件	斜口钳	6	10	-10	H
26	BJB 两侧螺栓	连接件	气批	6	40	70	R
27	顶部横向盖板螺栓	连接件	气批	8	30	70	R
28	CMC-BMC 电缆扎带	连接件	斜口钳	6	10	0	H
29	冷却板螺栓	连接件	气批	16	40	50	R
30	冷却管螺栓	连接件	气批	7	20	20	H
31	模组串联铜排螺栓	连接件	气批	12	50	30	H
32	模组连接板螺栓	连接件	气批	16	10	60	R

注:CMC 全称为 Cell Management Controller,即单体管理控制器。

表 3-8 列出模组的零件信息,模组包含一个子装配体(零件编号 3)和一个限制功能零件对(零件编号 2 和 3)。表 3-9 和表 3-10 分别列出了电池包和模组的零件连接方式。在描述 PHLBP 的组件后,列出了电池包/模组的拆解约束矩阵。表 3-11 和表 3-12 分别描述了电池包中连接件和功能零件的拆解约束矩阵 **FM** 和 **FPM**。功能零件拆解矩阵 **FPM** 中,1~6 列表示功能零件的法线方向(用 1 表示),7~12 列表示功能零件的 **FPFM** 矩阵,13~18 列表示功能零件的 **FPCM** 矩阵,19~23 列表示功能零件的 **FPRM** 矩阵(若没有限制功能零件对,则此矩阵可缺省)。

表 3-8 模组的主要零件表

零件编号	零件名称	零件类型	拆卸工具	数量/个	NA	TAA	分配类型
1	模组端盖	功能零件		8	-20	-10	H
2	CMC	功能零件	切割机	8	20	10	H
3	单体组	子装配体	切割机	8	40	10	H
4	电池单体	3 的功能零件		96	40	-10	H
5	金属外壳(压力件)	3 的连接件	切割机	8	0	30	H

表 3-9　电池包中零件间的连接方式

序号	连接件	功能零件	连接方式
1	21,24,26,27,29,30,31,32		螺纹连接
2	22,23		固定连接
3	25,28		固定连接
4		3,5	胶接

表 3-10　模组中零件间的连接方式

序号	连接件	功能零件	连接方式
1	5		焊接
2		1,2	固定连接
3		2,3	焊接

表 3-11　电池包中连接件的拆解约束矩阵 FM

零件编号	方向					
	$+X$	$-X$	$+Y$	$-Y$	$+Z$	$-Z$
21	-1	-1	0	-1	-1	-1
22	2	-1	-1	-1	-1	-1
23	-1	-1	-1	-1	-1	2
24	-1	-1	3	-1	-1	-1
25	-1	-1	2	-1	-1	-1
26	-1	-1	2	-1	-1	-1
27	-1	-1	5	-1	-1	-1
28	-1	-1	4	-1	-1	-1
29	-1	-1	8	-1	-1	-1
30	-1	-1	9	-1	-1	-1
31	-1	-1	4	-1	-1	-1
32	-1	8	-1	-1	-1	-1

表3-12 电池包中功能零件的拆解约束矩阵FPM

零件编号	方向																	
	+X	-X	+Y	-Y	+Z	-Z	+X	-X	+Y	-Y	+Z	-Z	+X	-X	+Y	-Y	+Z	-Z
1	2	[2, 20]	0	-1	2	2	0	0	21	0	0	0	0	0	1	0	0	0
2	[1, 4]	[1, 4]	1	-1	[1, 6]	[1, 7]	0	0	0	0	0	0	0	0	1	0	0	0
3	0	0	2	-1	0	4	22	0	0	0	0	0	0	0	1	0	0	0
4	2	2	[2, 5]	-1	[3, 5]	0	22	0	[24, 25]	0	0	23	0	0	1	0	0	0
5	0	0	3	-1	0	4	0	0	24	0	0	0	0	0	0	0	0	0
6	0	0	2	-1	[8, 13]	2	0	0	[25, 27]	0	0	0	0	0	1	0	0	0
7	0	0	5	-1	2	[8, 13]	0	0	27	0	0	0	0	0	1	0	0	0
8	17	16	[4, 6, 7]	-1	[7, 10, 12]	[6, 10, 12]	0	0	28	0	0	0	0	0	1	0	0	0
9	17	20	[6, 8]	-1	[18, 19]	20	0	0	0	0	0	0	1	1	0	0	0	0

表 3-12（续 1）

零件编号	方向																	
	+X	-X	+Y	-Y	+Z	-Z	+X	-X	+Y	-Y	+Z	-Z	+X	-X	+Y	-Y	+Z	-Z
10	0	0	0	0	0	0	0	0	31	0	0	0	19	19	4	-1	[8, 12, 13]	[8, 12, 13]
11	0	0	0	0	1	1	0	32	[29, 31]	0	0	0	[13, 14, 15, 16]	[13, 14, 15, 17]	13	-1	[16, 17, 19]	[13, 14, 15]
12	0	0	0	0	1	1	0	32	[29, 31]	0	0	0	[13, 14, 15, 16]	[13, 14, 15, 17]	13	-1	[13, 14, 15]	[16, 17, 19]
13	0	0	1	0	0	0	0	32	[29, 31]	0	0	0	[11, 12, 16, 17]	[11, 12, 16, 17]	[6, 7]	-1	[7, 11]	[6, 12]
14	0	0	1	0	0	0	0	32	[29, 31]	0	0	0	[11, 12, 16, 17]	[11, 12, 16, 17]	[11, 12, 16, 17]	-1	11	12

65

表 3-12（续2）

零件编号	方向																	
	+X	-X	+Y	-Y	+Z	-Z	+X	-X	+Y	-Y	+Z	-Z	+X	-X	+Y	-Y	+Z	-Z
15	1	1	0	0	0	0	0	32	[29, 31]	0	0	0	[11, 12, 16]	[11, 12, 17]	[6, 7, 9, 16, 17]	-1	11	12
16	1	1	0	0	0	0	0	32	[29, 31]	0	0	0	[13, 14, 19]	[11, 12, 13, 14, 15]	13	-1	12	11
17	1	1	0	0	0	0	0	32	[29, 31]	0	0	0	[11, 12, 13, 14, 15]	[13, 14, 19]	13	-1	12	11
18	0	0	0	0	0	0	0	0	30	0	0	0	19	16	[4, 8, 9, 15]	-1	15	[9, 15]

表 3-12（续 3）

零件编号	方向																	
	+X	-X	+Y	-Y	+Z	-Z	+X	-X	+Y	-Y	+Z	-Z	+X	-X	+Y	-Y	+Z	-Z
19	0	0	1	0	0	0	0	0	0	0	0	0	[10, 17, 20]	[10, 16, 18, 20]	[8, 9, 10, 14, 15, 18]	-1	[12, 20]	[9, 11, 20]
20	0	0	1	0	0	0	0	0	0	0	0	0	[1, 9, 10, 19]	[10, 19]	[1, 2, 19]	-1	[9, 19]	19

表 3-13 描述了模组的连接件拆解约束矩阵 **FM**（子装配体 3）。表 3-14 描述了模组的功能零件拆解约束矩阵 **FPM1** 和 **FPM2**（子装配体 3）。

表 3-13 模组中连接件的拆解约束矩阵 FM（子装配体 3）

零件编号	方向					
	+X	−X	+Y	−Y	+Z	−Z
5	−1	−1	−1	−1	0	0

表 3-14 模组中功能零件的拆解约束矩阵 FPM1 和 FPM2

（a）模组的拆解约束矩阵 **FPM1**

零件编号	方向											
	+X	−X	+Y	−Y	+Z	−Z	+X	−X	+Y	−Y	+Z	−Z
1	1	1	0	0	0	0	0	0	0	0	0	0
2	1	1	0	0	0	0	0	0	0	0	0	0
3	1	1	0	0	0	0	0	0	0	0	0	0

零件编号	方向											
	+X	−X	+Y	−Y	+Z	−Z	+X	−X	+Y	−Y	+Z	−Z
1	0	2	0	−1	0	0	0	0	0	0	0	0
2	1	3	0	−1	0	0	0	3	0	0	0	0
3	2	0	0	−1	0	0	2	0	0	0	0	0

（b）模组中的子装配体 3 的拆解约束矩阵 **FPM2**

零件编号	方向					
	+X	−X	+Y	−Y	+Z	−Z
4	0	0	0	0	1	1

零件编号	方向					
	+X	−X	+Y	−Y	+Z	−Z
4	0	5	5	5	5	5

零件编号	方向					
	+X	−X	+Y	−Y	+Z	−Z
4	0	0	0	−1	0	0

为了验证本书所提出的基于 RBR 的拆解序列生成方法，案例采用 Protégé 5.2.0 建立领域本体和本体规则，如图 3-11 和图 3-12 所示。其中图 3-12 的区域（1）中列出了拆解工具选择规则，区域（2）中列出了一部分局部破坏性拆解规则。

人机异步拆解可行序列生成方法是在多人异步拆解可行序列生成方法的基础上提出的,二者的主要区别是前者根据工人和机器人的优劣势,将拆解序列分配给工人和机器人。因此,这里只需验证多人异步拆解可行序列生成方法的有效性。

根据拆解约束矩阵和图 3-4 所示的多人异步拆解可行序列生成流程图,电池包的部分可行拆解序列如表 3-15 所示。模组结构简单、零件稀少,生成的拆解序列如表 3-16 所示。在表 3-15 和表 3-16 所列的拆卸步骤中,若多个零件在一个步骤内被拆卸,它们之间可以并行拆卸,不会相互干扰。

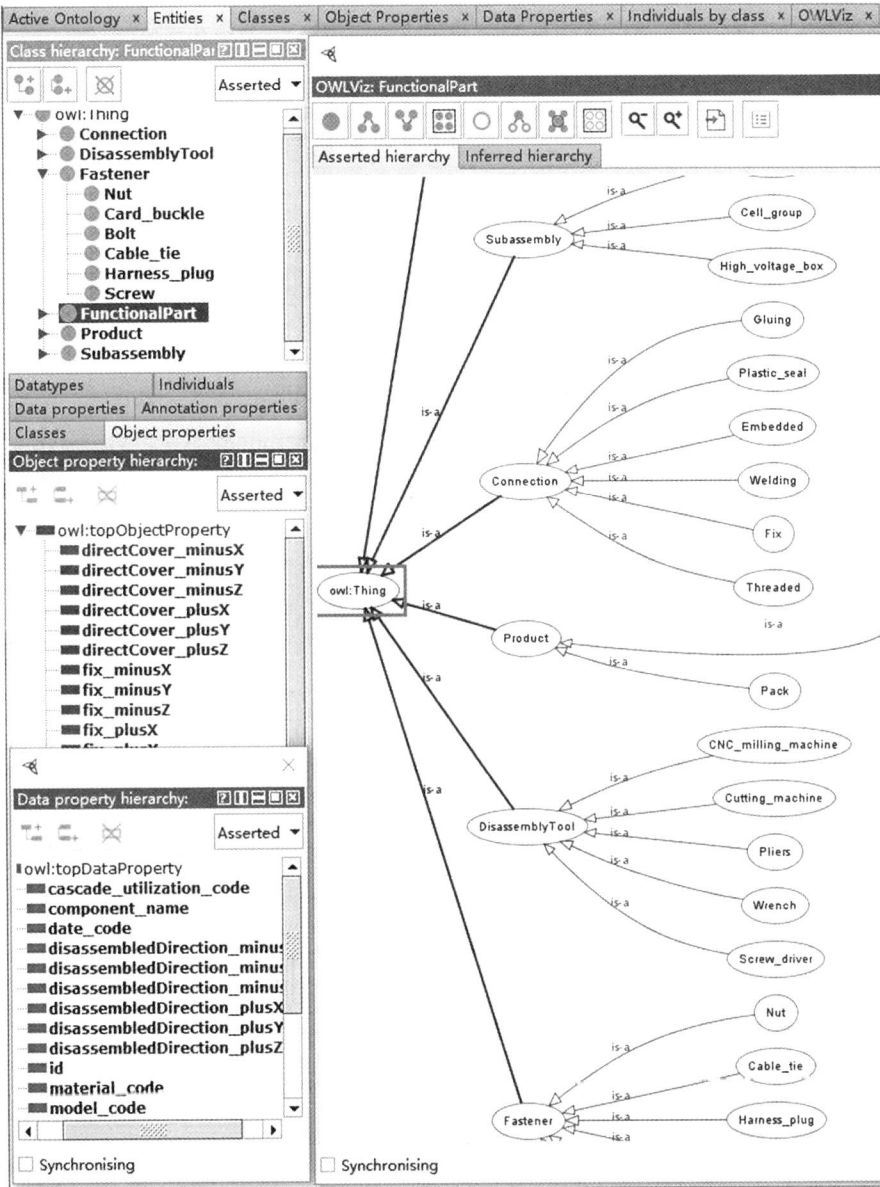

图 3-11　拆解本体在 Protégé 中的构建截图

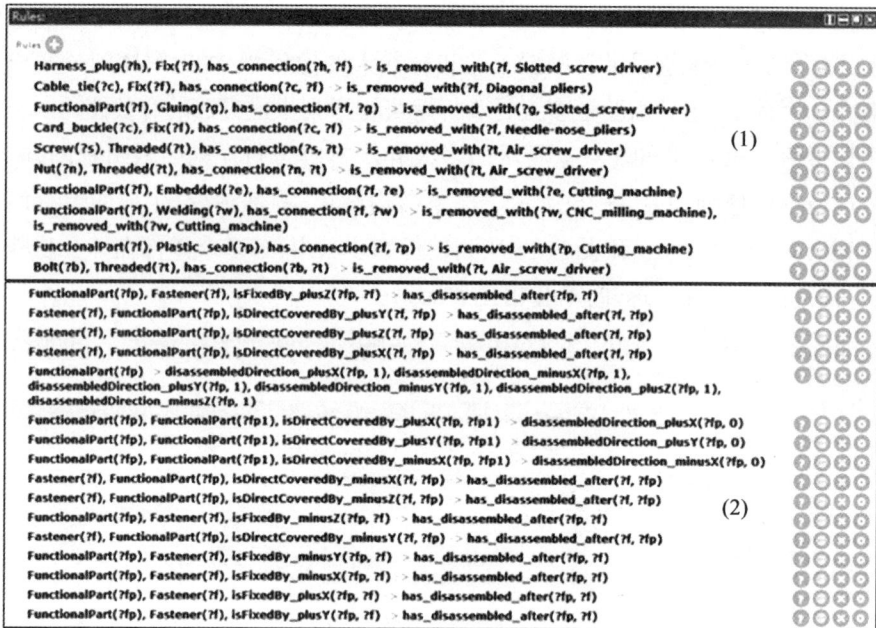

图 3-12　部分本体规则

表 3-15　电池包的部分可行拆解序列

序号	拆解序列
1	$21(+Y)$, $1(+Y)$, $2(+Y)$, $\{22(+X),23(-Z),25(+Y),26(+Y)\}$, $3(+Y)$, $24(+Y)$, $5(+Y)$, $4(+Y)$, $\{27(+Y),28(+Y),31(+Y)\}$, $\{6(+Y),7(+Y),10(+Y)\}$, $8(+Y)$, $\{29(+Y),32(-X)\}$, $13(+Y)$, $\{9(+Y),11(+Y),12(+Y),16(+Y),17(+Y)\}$, $\{15(+X),14(+Y)\}$, $30(+Y)$, $18(+Y)$, $19(+Y)$, $20(+Y)$
2	$21(+Y)$, $1(+Y)$, $2(+Y)$, $\{25(+Y),26(+Y),22(+X),23(-Z)\}$, $3(+Y)$, $24(+Y)$, $5(+Y)$, $4(+Y)$, $\{31(+Y),27(+Y),28(+Y)\}$, $\{6(+Y),7(+Y),10(+Y)\}$, $8(+Y)$, $\{32(-X),29(+Y)\}$, $13(+Y)$, $\{11(+Y),12(+Y),9(+Y),16(+Y),17(+Y)\}$, $\{15(+X),14(+Y)\}$, $30(+Y)$, $18(+Y)$, $19(+Y)$, $20(+Y)$
3	$21(+Y)$, $1(+Y)$, $2(+Y)$, $\{23(-Z),25(+Y),22(+X),26(+Y)\}$, $3(+Y)$, $24(+Y)$, $5(+Y)$, $4(+Y)$, $\{28(+Y),27(+Y),31(+Y)\}$, $\{7(+Y),10(+Y),6(+Y)\}$, $8(+Y)$, $\{29(+Y),32(-X)\}$, $13(+Y)$, $\{17(+Y),11(+Y),12(+Y),9(+Y),16(+Y)\}$, $\{14(+Y),15(+X)\}$, $30(+Y)$, $18(+Y)$, $19(+Y)$, $20(+Y)$

表 3-16　模组的部分可行拆解序列

拆解序列
$1(+X)$, $\{2(+X),3(-X)\}$, $5(+Z,-Z)$, $4(+Z)$

此外,以 PHLBP 为例,采用文献[77]中的迭代序列生成方法,电池包的部分可行拆解序列和模组的可行拆解序列如表3-17 和表3-18 所示。根据表3-15 和表3-17,电池包生成的拆解序列除了零件 9 和 30 的拆解顺序和零件 15 的方向不同外,其他零件拆解顺序与方向基本一致;根据表3-16 和表3-18,模组生成的拆解序列只有方向不一致。这些序列都满足装配约束、环境和安全约束,验证了所提出的多人异步拆解可行序列生成方法的有效性。可见,优先沿着零件的法线方向拆解不仅符合人体工程学,还可有效剔除一些不现实的解,而不是生成所有可能的拆解方案。因此,本章提出的序列生成方法本质上可生成一些质量更高的可行拆解序列。

需要说明的是,需对生成的拆解方案进行拆解实验以验证其可行性,从而提高拆解规则的适用性。当拆解案例和拆解规则数量不断增加时,拆解方案生成效率和质量也会不断提高。因此,在 DSP 中引入人工拆解知识和经验是一个长期不断完善拆解案例库和拆解规则库的过程。

表 3-17　迭代序列生成方法获得的电池包的部分可行拆解序列

序号	拆解序列
1	$21(+Y)$,$1(+Y)$,$2(+Y)$,$\{22(+X)$,$23(-Z)$,$25(+Y)$,$26(+Y)\}$,$3(+Y)$,$24(+Y)$,$5(+Y)$,$4(+Y)$,$\{27(+Y)$,$28(+Y)$,$31(+Y)\}$,$\{6(+Y)$,$7(+Y)$,$10(+Y)\}$,$8(+Y)$,$9(+Y)$,$\{29(+Y)$,$30(+Y)$,$32(-X)\}$,$13(+Y)$,$\{11(+Y)$,$12(+Y)$,$16(+Y)$,$17(+Y)\}$,$\{15(+Y)$,$14(+Y)\}$,$18(+Y)$,$19(+Y)$,$20(+Y)$
2	$21(+Y)$,$1(+Y)$,$2(+Y)$,$\{22(+X)$,$23(-Z)$,$25(+Y)$,$26(+Y)\}$,$3(+Y)$,$24(+Y)$,$5(+Y)$,$4(+Y)$,$\{27(+Y)$,$28(+Y)$,$31(+Y)\}$,$\{6(+Y)$,$7(+Y)$,$10(+Y)\}$,$8(+Y)$,$9(+Y)$,$\{29(+Y)$,$30(+Y)$,$32(-X)\}$,$13(+Y)$,$\{11(+Y)$,$12(+Y)$,$16(+Y)$,$17(+Y)\}$,$\{15(+Y)$,$14(+Y)\}$,$18(+Y)$,$19(+Y)$,$20(+Y)$
3	$21(+Y)$,$1(+Y)$,$2(+Y)$,$\{22(+X)$,$23(-Z)$,$25(+Y)$,$26(+Y)\}$,$3(+Y)$,$24(+Y)$,$5(+Y)$,$4(+Y)$,$\{27(+Y)$,$28(+Y)$,$31(+Y)\}$,$\{6(+Y)$,$7(+Y)$,$10(+Y)\}$,$8(+Y)$,$9(+Y)$,$\{29(+Y)$,$30(+Y)$,$32(-X)\}$,$13(+Y)$,$\{11(+Y)$,$12(+Y)$,$16(+Y)$,$17(+Y)\}$,$\{15(+Y)$,$14(+Y)\}$,$18(+Y)$,$19(+Y)$,$20(+Y)$

表 3-18　迭代序列生成方法获得的模组的可行拆解序列

拆解序列
$1(+Y)$,$\{2(+Y)$,$3(+Y)\}$,$5(+Z$,$-Z)$,$4(+Y)$

3.8 本 章 小 结

本章通过 ATB 的拆解本体信息模型,提出了一种基于 CBR/RBR 的拆解序列生成方法。首先,依据拆解约束矩阵设计功能零件和连接件拆卸可行性判定规则,通过这组判定规则,考虑环境与安全约束,并优先法线方向拆解,提出了一种异步-并行-局部破坏性-混合拆解可行序列生成方法。其次,分析拆解约束矩阵和人工拆解知识,制定了一组局部破坏性规则和拆解工具选择规则。依据本体实例构建案例库,提出了基于 CBR 的拆解序列生成方法,获取匹配的拆解方案直接用于拆解;依据拆解规则构建规则库,提出了基于多人异步拆解和人机异步拆解的序列生成方法,从规则库中推理出可行的拆解序列。由于人机执行能力差异大,各有优劣势,本章提出了一种基于零件自动化潜力评估的任务分配方法,解决人机任务分配问题。最后,案例分析结果表明,上述方法可生成一些质量更高的可行拆解序列。

第4章　汽车动力蓄电池拆解序列
优化方法

随着计算机技术的快速发展和智能算法的不断成熟,拆解序列优化问题得到更深入的研究。优化目标从拆解时间、拆解成本、拆解收益等传统目标逐步转为拆解能耗、能量效率等绿色制造目标,从单一目标优化转为多目标的协调优化。ATB 的体积和质量较大,结构较复杂,拆解过程中存在高压和化学风险,需多个执行者协作完成。本章采用智能算法对多人异步拆解序列和人机异步拆解序列进行优化,获取近似最优的拆解序列。多人协作和人机协作的异步并行拆解序列中最重要的指标是拆解完工时间,它衡量了产品的拆解效率。基于此,本书拟通过分析单个零件拆解时间的组成,考虑拆解准备时间和等待时间重叠情况的等待策略,建立以单个产品拆解时间为优化目标的多人异步拆解序列优化模型,并从批量产品拆解的角度出发,结合疲劳-恢复模型,构建基于总拆解时间的人机异步拆解序列优化模型,通过增加较短的休息时间来缓解工人的肌肉疲劳,避免因工人的过度疲劳而降低拆解效率和增加职业疾病发生的概率。此外,本章采用 IGA 对两种优化模型求解,并对优化结果进行了分析。

4.1　多人异步拆解序列优化方法

4.1.1　等待策略

多人协作的异步并行拆解优化问题高度依赖于拆解时间。在拆解过程中分析拆解时间的组成,对缩短总时间是至关重要的。本章将拆解时间细分为执行时间、准备时间和等待时间 3 部分,接下来通过示例说明不使用等待策略和使用不同的等待策略对拆解时间的影响。假设某产品含有 4 个零件,由 2 个执行者拆卸,各零件拆卸的执行时间和准备时间如表 4-1 所示,除零件 3 必须在零件 2 之后拆卸外,无其他优先级约束。

图 4-1(a)和(b)分别为不使用等待策略和使用等待策略的并行拆卸序列。1 号

执行者拆卸零件 3 的时间比 2 号执行者短,若零件 1 拆卸后等待零件 2 拆卸完,再选择 1 号执行者拆卸零件 3,总拆解时间 T_2 比 T_1 少 10 s。若考虑等待时间 t_w 与准备时间 t_p 的重叠情况,如图 4-1(c)所示,零件 1 拆卸后,在等待的时间里进行拆卸的准备工作,将 t_w 作为 t_p 的一部分,则 1 号执行者的拆卸时间为 70 s,总拆解时间 T_3 比 T_2 少 5 s。通过以上分析可知,引入等待策略(准备时间和等待时间重叠)是缩短并行拆卸时间的关键[117]。

表 4-1 各零件拆卸的的执行时间和准备时间

零件编号	1 号执行者		2 号执行者	
	执行时间/s	准备时间/s	执行时间/s	准备时间/s
1	20	10	20	10
2	20	20	20	20
3	20	20	20	30
4	25	10	25	10

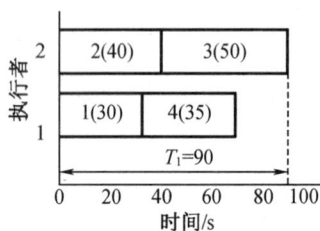

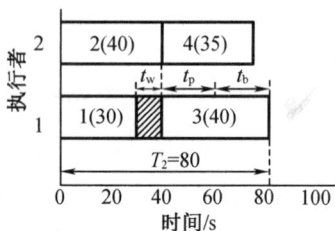

(a)不使用等待策略　　(b)使用等待策略(等待时间与准备时间不重叠)

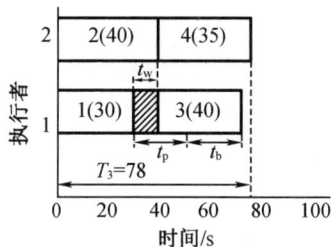

(c)使用等待策略(等待时间与准备时间重叠)

t_b—执行时间。

图 4-1 等待策略对拆解时间的影响

4.1.2　数学优化模型

根据等待策略的原理,设 $k(k=1,2,\cdots,K)$ 为拆解任务的执行者,执行者 k 花费在

零件 p_i 上的拆卸时间为 $t_{k,i}$ 计算公式如下所示：

$$t_{k,i} = t_{bk,i} + \max\{t_{pk,i}, t_{wk,ij}\} \tag{4-1}$$

式中，$t_{bk,i}$ 为执行时间，即执行者 k 解除零件 p_i 连接约束所花费的时间；$t_{wk,ij}$ 为执行者 k 拆卸零件 p_j 前需要等待 p_i 完成拆卸的时间，这种情况只有零件 p_i 优先于零件 p_j 拆卸时才会发生；$t_{pk,i}$ 为准备时间，可细分为拆卸位置切换时间 $t_{mk,i}$，工具准备时间 $t_{tk,i}$。在执行者从一个零件移动到下一个零件的过程中，可以进行方向切换，因此无须单独计算方向切换时间。工具准备时间 $t_{tk,i}$ 表示执行者 k 拆卸零件 p_i 时准备拆卸工具所花费的时间，与拆卸前一零件 p_{i-1} 所用的工具有关，公式如下所示：

$$t_{tk,i} = \begin{cases} 0, & \text{与拆卸前一零件所用的工具相同} \\ t_{tk,i}, & \text{否则} \end{cases} \tag{4-2}$$

拆卸位置切换时间 $t_{mk,i}$ 用拆卸零件 p_i 和下一个拆卸零件 p_{i+1} 的边界框中心之间的曼哈顿距离 d_i 除以执行者 k 的平均移动速度 V_k 得到[141]。其中零件 p_i 和零件 p_{i+1} 的坐标分别为 (x_i, y_i, z_i) 和 $(x_{i+1}, y_{i+1}, z_{i+1})$。

$$t_{mk,i} = \frac{d_i}{V_k} = \frac{|x_{i+1} - x_i| + |y_{i+1} - y_i| + |z_{i+1} - z_i|}{V_k} \tag{4-3}$$

综上所述，执行者 k 拆卸零件 p_i 的时间为

$$t_{k,i} = t_{bk,i} + \max\{t_{tk,i} + t_{mk,i}, t_{wk,ij}\} \tag{4-4}$$

执行者 k 在整个拆解过程共拆卸 n_k 个零件，则执行者 k 的总拆解时间为

$$f_{t_k} = \sum_{i=1}^{n_k} t_{k,i} \tag{4-5}$$

则多人异步拆解的拆解时间取决于全部执行者中总拆解时间最长的一位。因此多人异步拆解序列的拆解时间为

$$f_t = \max(f_{t_k}) \tag{4-6}$$

则多人异步拆解序列的拆解时间优化目标函数为

$$f = \min\left[\max\left(\sum_{i=1}^{n_1} t_{1,i}, \sum_{i=1}^{n_2} t_{2,i}, \cdots, \sum_{i=1}^{n_k} t_{k,i}, \sum_{i=1}^{n_K} t_{K,i}\right)\right] \tag{4-7}$$

式中，$n_1 + n_2 + \cdots + n_k + \cdots + n_K = n$，$n$ 为待拆解产品的零件总数。

4.1.3　基于改进遗传算法的求解方法

遗传算法（Genetic Algorithm，GA）使用适应度值进行搜索，几乎可以处理任何问题。而且它采用并行滤波机制，具有极强的容错能力，已成功应用于拆卸序列规划领域[132,144]。但传统的 GA 存在编码表示不准确、容易过早收敛，通过交叉变异后会产生大量不可行个体等不足，因此需根据本工程问题改进 GA，重新设计编码、解码、目标函数计算等相关步骤，具体方法如下：

1. 染色体编码

染色体编码的设计不仅能有效表示拆解方案,还直接影响后续的交叉、变异操作和算法最终的求解效率。拆解方案涉及零件、拆卸方向和工人编号。因此,采用多层整数编码方式构造染色体,即 $v = \{v^1, v^2, v^3\}$。这里 $v^1 = \{p_1, \cdots, p_i, \cdots, p_n\}$,是由零件编号组成的拆解序列,$p_i \in \{1, 2, \cdots, n\}$,代表拆解序列中的第 i 个零件,n 是产品零件总数;$v^2 = \{d_1, \cdots, d_i, \cdots, d_n\}$,用来表示零件的拆卸方向序列,$d_i \in \{1, 2, \cdots, 6\}$,分别表示 $+X$、$-X$、$+Y$、$-Y$、$+Z$、$-Z$ 这 6 个方向;$v^3 = \{q_1, \cdots, q_i, \cdots, q_n\}$,用来表示任务执行者序列,$q_i \in \{1, 2, \cdots, K\}$,$K$ 是任务执行者总数。例如,$v^1 = \{3, 4, 1, 6, 2, 5, 7\}$,$v^2 = \{1, 2, 3, [1, 2], 3, 5, 6\}$,$v^3 = \{1, 2, 2, 3, 1, 1, 3\}$。$v^1$ 中的零件 3, 2, 5 的拆卸方向分别为 $+X$、$+Y$ 和 $+Z$,它们由 v^3 中的 1 号执行者拆卸;v^1 中的零件 4, 1 的拆卸方向分别为 $-X$ 和 $+Y$,它们由 v^3 中的 2 号执行者拆卸;v^1 中的零件 6, 7 的拆卸方向分别为 $+X/-X$ 和 $-Z$,它们由 v^3 中的 3 号执行者拆卸。这种编码方式可以通过执行者序列 v^3 灵活地改变执行者的人数和顺序,能简洁地表达多人协作拆卸零件的信息。另外,这种编码方式也方便交叉和变异操作,v^1 和 v^3 中值的变动不会影响彼此。本书的变异算子利用这一特性,只对 v^3 执行变异操作而不改变 v^1,变异后的染色体仍满足约束关系,无须调整。

2. 种群初始化和解码染色体

IGA 首先需要生成满足约束关系的可行染色体以实现种群的初始化。可根据图 3-4 所示的多人异步拆解可行序列生成流程图生成可行的拆解序列。当多个零件都可以拆卸时,将随机排序加入到序列中,每个执行者的编号也是随机生成的,这样保证了染色体的多样化。

种群初始化后,为了便于后续计算染色体的适应度值,需要取得每个执行者的拆解序列,即解码染色体。图 4-2 为可行染色体 v 的解码示例。

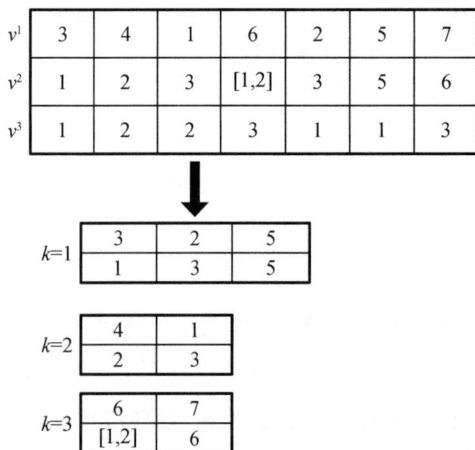

图 4-2　可行染色体 v 的解码示例

3.计算目标函数值

目标函数值是求出的多人异步拆解过程的完工时间,即所有零件的最大完工时间。因此,目标函数为最小化最大完工时间问题。将拆解时间细分为执行时间、准备时间(工具准备时间和拆解位置切换时间)和等待时间。通过借鉴文献[145]中基于多层编码 GA 的车间调度算法思路,引入等待策略机制(考虑准备时间和等待时间重叠情况),目标函数值的计算步骤如下:

(1)构造零件的优先矩阵 **PM**,初始化相关矩阵和变量,包括:所有零件的开始时间和完工时间矩阵 **PVal**、各执行者上一个已拆卸零件的信息矩阵 **DT**(零件编号、拆卸工具编号和零件坐标)、各执行者拆卸当前零件的完工时间矩阵 **TW**、每个执行者将拆卸的零件信息矩阵 **WS**(零件编号和方向)、最先拆卸的零件信息矩阵 **DF**(零件编号和方向)以及上一次 **DF** 中最后拆卸的零件 lastcnum。

(2)根据解码后的染色体 P 将各执行者待拆卸的零件存入 **WS**,再根据 **PM** 从 **WS** 中找出各执行者当前可拆解的零件存入 **DF**,并更新 P。

(3)获取 **DF** 中需拆卸零件的信息(基本拆卸时间 t_b、准备工具时间 t_t、拆解工具编号和零件三维坐标),用于计算以下时间:

①计算零件 i 的准备时间 t_p。执行者 k 将当前拆卸零件 i 的工具编号与 **DT** 中上一个拆卸零件的工具编号比较,相同则准备工具时间为 0,不相同则为 t_t。从 **DT** 中取执行者 k 的上一个拆卸零件的三维坐标与零件 i 的三维坐标,根据公式计算零件 i 的拆解位置切换时间。则可求得零件 i 的 t_p。

②计算零件 i 的等待时间 t_w。零件 i 的开始等待时间 t_{ws} 和等待结束时间 t_{wf} 都为 **TW** 中执行者 k 上一个零件的完工时间。若 lastcnum 优先于零件 i,则零件 i 的 t_{wf} 为 **PVal** 的最大完工时间。零件 i 的 $t_w = t_{wf} - t_{ws}$。

③根据式(4-4)计算零件 i 的拆解时间 t。

④计算零件 i 的开始时间 t_s 和完工时间 t_f。比较 **TW** 中执行者 k 上一个零件的完工时间和 t_{wf},较大值为零件 i 的 t_s。零件 i 的 t_f 为 **TW** 中执行者 k 上一个零件的完工时间与 t 之和。

(4)记录零件 i 的信息并存入 **DT**、**TW**,更新 **PM**。当 **DF** 中所有零件的 t_s 和 t_f 被求出后,记录 lastcnum 的值并对 **WS** 和 **DF** 清零。

(5)若所有零件的 t_s 和 t_f 计算完毕,则结束计算,否则返回步骤(2)。

4.交叉操作

借鉴义献[132],对初始染色体 v 采用 PPX(Precedence Preservation Crossover)交叉操作[146]。若初始染色体 v 满足零件优先约束关系,则交叉后的染色体仍然满足零件优先约束关系,且不会出现重复的零件和缺少某些零件。该方法完美解决了两点交叉操作产生大量不可行个体的问题,PPX 交叉示例如图 4-3 所示,步骤如下:

(1)随机生成两条与染色体长度相等的执行序列,其中的元素只含有1和2这两个数值,用来表示选取哪个父代的基因。

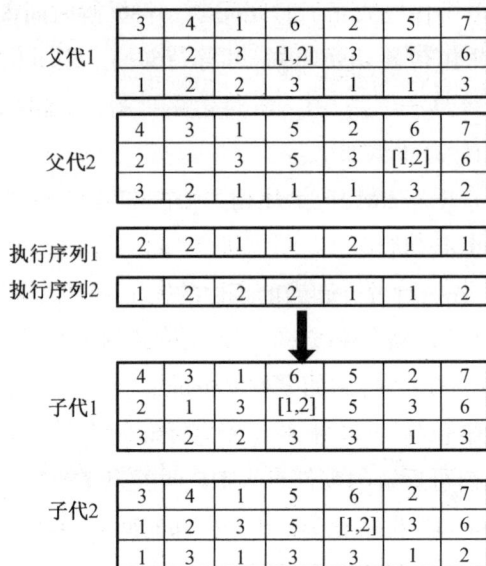

图4-3 PPX交叉示例

(2)随机选择两条染色体作为父代,根据其中一条执行序列从左往右依次选取指定父代的第一个基因,插入子代,同时在两个父代上清空插入子代的基因。当两个父代无基因时,PPX交叉过程结束。

(3)根据两个父代染色体和两条执行序列生成两个子代染色体。

5. 变异操作

变异操作是修改染色体上的部分基因,可增加染色体的多样性和搜索空间。本节的拆解序列包含零件、方向和执行者,交叉操作改变的是零件顺序,若变异操作改变方向,则容易出现大量不可行的染色体,这时需要对染色体进行检测和调整,降低了算法效率。而改变执行者不会影响零件顺序和方向,变异后的染色体仍然可行。所以,此次变异操作为改变执行者,作用于v^3。变异操作为随机选出v^3中的两个执行者编号并交换位置。

4.2 人机拆解序列优化方法

4.2.1 人机异步拆解序列优化模型

机器人的一个重要优势是能一直保持一定的工作效率不停工作,而工人会随时间的递增而产生疲劳。当工人疲劳过度时,会降低工作效率和质量[147],还可能造成与工作有关的疾病和伤害[148-149]。疲劳一般分为精神疲劳和肌肉疲劳。本书关注的是肌肉疲劳,它的特征是肌肉感到紧绷,伴有间歇性疼痛或持续疼痛,无法维持一个特定的姿势或力量水平执行任务[150],而休息有助于减轻身体疲劳。在拆解过程中考虑人员疲劳水平的影响,才贴近实际拆解情况。因此,本节根据人机异步拆解序列可行解、拆解时间优化模型和人员疲劳-恢复模型,获取批量产品总拆解时间最优的拆解方案。该拆解方案能避免拆解工人因过度疲劳而影响实际的拆解效率。

表 4-2 列出了本节所使用的符号的说明。本节所用到的术语和假设定义如下:

假设 1　一个工作日只拆解一种产品。拆完一个产品的时间为一个作业周期,休息时间用来等待将下一个产品放置于拆解工作站上。

假设 2　所有作业周期有相同的工作模式。在一个工作日内需要拆解的产品数目是固定的。在每个工作日的开始,工人的疲劳水平为 0,即工人完全恢复后开始一个工作日。

假设 3　工人在拆解单个产品的过程中的疲劳水平保持不变。等待拆解下一个产品的休息周期会对疲劳进行恢复,所以需要分别计算作业周期结束和休息周期结束时的疲劳水平。

假设 4　给出了疲劳水平的上限 $F_{\max}$ 以控制工人的健康风险。

假设 5　一个拆解工作站包含一位拆解工人与一个机器人,拆卸一个零件表示一个拆解任务,只能分配给一个执行者完成。将执行者拆卸零件的工具、时间和方向作为先验知识。

表 4-2　本节使用符号的说明

符号	含义
H、R、H/R	3 种任务分类标签:工人、机器人、工人/机器人
i	零件下标。$i=1,2,\cdots,n/n_h/n_r$
n_h	工人拆解的零件数
n_r	机器人拆解的零件数
k	执行者,$k=0$ 表示工人拆解,$k=1$ 表示机器人拆解
m	产品下标,作业周期下标。$m=1,2,\cdots,n_w$
n_w	一个工作日的作业周期数或拆解的产品数量
λ	疲劳累积参数
μ	恢复累积参数
t_w/s	作业周期 m 的作业时间长度,$m=1,\cdots,n_w$
$t_{R(m)}/s$	作业周期 m 后的休息时间长度,$m=1,\cdots,n_w-1$

表 4-2（续）

符号	含义
F_{max}	疲劳水平的上限
$F_m(t)$	作业周期 m 后 t 时刻的近似总动态疲劳水平
$R_m(\tau)$	作业周期 m 后恢复时间 τ 单位后的剩余疲劳

1. 疲劳-恢复模型

在拆解过程中,工人的疲劳水平在不断变化。当工人持续地执行一个任务时,一旦肌肉疲劳达到了最大水平(F_{max}),工人就无法保持执行任务所需的肌肉力量[151]。他/她要么完全休息一段时间,要么执行一个较轻松的任务,以减轻肌肉疲劳,使受影响的肌肉恢复[152]。因此,工人应在不超过其最大疲劳水平的情况下完成所有分配的任务。为了确保工人的疲劳水平不会超过最大疲劳水平,需计算每个作业周期结束时和每个作业周期开始时工人的疲劳水平。图 4-4 描述了工作-休息周期与疲劳-恢复之间的关系。

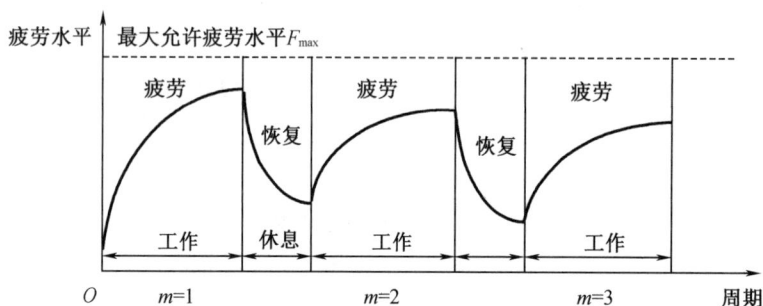

图 4-4　工作-休息周期与疲劳-恢复之间的关系

本书采用 Jaber 等[123]提出的疲劳-恢复模型。作业周期结束和休息周期 m（每一个作业周期后都有一个休息周期,二者数量相等,本书中都用 m 表示）结束时疲劳水平公式分别为

$$F_m(t_w) = R_m[t_{R(m-1)}] + \{1 - R_{m-1}[t_{R(m-1)}]\}(1 - e^{-\lambda t_w}), m = 1, 2, \cdots, n_w \quad (4-8)$$

$$R_m[t_{R(m)}] = F_m(t_w) e^{-\mu t_{R(m)}}, m = 1, 2, \cdots, n_w - 1 \quad (4-9)$$

且每个作业周期的疲劳水平有上限,如式(4-10)所示:

$$F_m(t_w) \leqslant F_{max}, m = 1, 2, \cdots, n_w \quad (4-10)$$

注意:第一个作业周期开始时的残余疲劳为

$$R_0[t_{R(0)}] = F_0 = 0 \quad (4-11)$$

用式(4-8)、式(4-9)和(4-10),可以推导出 $t_{R(m)}$ 的下限(休息时间的最小值),

过程如下：

用式(4-9)替换式(4-8)中的$R_{m-1}[t_{R(m-1)}]$得

$$F_m(t_w) = R_{m-1}[t_{R(m-1)}] + \{1 - R_{m-1}[t_{R(m-1)}]\}(1 - e^{-\lambda t_w})$$
$$= F_{m-1}(t_w)e^{-\mu t_{R(m-1)}} + [1 - F_{m-1}(t_w)e^{-\mu t_{R(m-1)}}](1 - e^{-\lambda t_w})$$
$$= 1 + F_{m-1}(t_w)e^{-\mu t_{R(m-1)}}e^{-\lambda t_w} - e^{-\lambda t_w} \quad (4-12)$$

根据式(4-10)的疲劳约束，由式(4-12)可得

$$F_m(t_w) = 1 + F_{m-1}(t_w)e^{-\mu t_{R(m-1)}}e^{-\lambda t_w} - e^{-\lambda t_w} \leqslant F_{max} \quad (4-13)$$

即$t_{R(m-1)} \geqslant \dfrac{1}{\mu}\ln\left[\dfrac{F_{m-1}(t_w)e^{-\lambda t_w}}{F_{max}-1+e^{-\lambda t_w}}\right]$，其中$t_{R(m-1)}$作为休息时长，值为非负数，则$t_{R(m-1)}$的最小值为

$$t_{R(m-1)} \geqslant \max\left\{0, \frac{1}{\mu}\ln\left[\frac{F_{m-1}(t_w)e^{-\lambda t_w}}{F_{max}-1+e^{-\lambda t_w}}\right]\right\}, m = 2, \cdots, n_w \quad (4-14)$$

根据文献[122]可知，对于较高允许值的最大疲劳水平，工人将始终在接近最大允许值的疲劳水平上操作。对于较低允许值的最大疲劳水平，工人的疲劳水平与较低的平均疲劳水平相比有更强的变化。这意味着，降低允许的最大疲劳水平可以使工人随着时间的推移更好地恢复，有助于降低职业病危害。该模型只允许必要的恢复，以确保工人在下一个工作周期结束时正好达到最大疲劳极限。而休息时间的安排及其长度取决于最大允许疲劳水平。更低的最大允许疲劳水平会导致更长的休息时间，也会降低工人对工作时间的利用率。因此，作业条件(λ、μ、F_{max})的选择会影响拆解的总时间。

2. 人机异步拆解优化模型

人机异步拆解优化问题也采用拆解时间作为优化目标，拆解时间$t_{k,i}$的数学模型与4.1.1大致相同，不同之处在于拆解任务的执行者$k=0$或1，$k=0$表示工人执行拆解任务，$k=1$表示机器人执行拆解任务。

n_h和n_r分别为工人和机器人拆解的零件数，设工人和机器人拆解第m个产品的拆解时间分别为T_{hm}和T_{rm}，表示如下：

$$T_{hm} = \sum_{i=1}^{n_h} t_{0,i}, \quad T_{rm} = \sum_{i=1}^{n_r} t_{1,i} \quad (4-15)$$

则一个作业周期的作业时间为

$$t_w = \max\{T_{hm}, T_{rm}\} \quad (4-16)$$

一个工作日拆解n_w个产品，则总拆解时间表示为

$$T_{total} = n_w \times t_w + \sum_{m=1}^{n_w-1} t_{R(m)} \quad (4-17)$$

因此，基于疲劳-恢复的拆解时间优化模型如下：

$$\min \ T_{\text{total}} = \min\left[n_{\text{w}} \times t_{\text{w}} + \sum_{m=1}^{n_{\text{w}}-1} t_{R(m)} \right] \tag{4-18}$$

$$\text{s. t.} \begin{cases} F_0 = R_0\left[t_{R(0)} \right] = 0 \\ F_m(t_{\text{w}}) \leqslant F_{\max}, m = 1, 2, \cdots\cdots, n_{\text{w}} \\ t_{R(m-1)} \geqslant \max\left\{ 0, \dfrac{1}{\mu}\text{In}\left[\dfrac{F_{m-1}(t_{\text{w}})\,\text{e}^{-\lambda t_{\text{w}}}}{F_{\max} - 1 + \text{e}^{-\lambda t_{\text{w}}}} \right] \right\}, m = 2, \cdots, n_{\text{w}} \end{cases} \tag{4-19}$$

4.2.2　求解方法

为了求解式(4-18)和式(4-19)表示的人机异步拆解优化模型,本节将对 IGA 做进一步的调整。仍然沿用染色体编码方式、解码方式。根据执行者编号需要,根据 3.6.2 提出的任务分配方法设定以及优化模型的不同,需要重新设计种群初始化、适应度值计算和变异操作。

1. 种群初始化

本节仍然采用多层整数编码方式构造染色体,$v^3 = \{ q_1, \cdots, q_i, \cdots, q_n \}$ 仍然用来表示任务执行者序列。这里需要说明的是,$q_i \in \{1, 2\}$,任务执行者总数 $n = 2$,其中 1 表示工人执行拆解任务,2 表示机器人执行拆解任务。本节根据图 3-7 所示的人机异步拆解可行序列生成流程图生成可行的人机异步拆解序列,包括零件序列、零件方向和执行者编号,即完成了种群的初始化。

2. 计算目标函数值

计算单个产品的拆解时间 t_{w} 沿用前文计算单个产品的最长完工时间方法,只是需要注意,机器人和工人的基本拆解时间、工具准备时间、拆解工具不一样,需要分别选择进行计算。目标函数值的计算步骤如表 4-3 所示。

表4-3　人机异步拆解目标函数值的计算步骤

输入:t_{w},设定 λ、μ、$F_{\max}$、n_{w}	
1	初始化 F、R、t_R 的向量分别为 $[1*(n_{\text{w}}+1)]$、$[1*n_{\text{w}}]$ 和 $[1*n_{\text{w}}]$ 的 **0** 向量;%%F、R、t_R 分别表示疲劳水平、疲劳恢复水平(残余疲劳)和休息时间
2	for $m = 2:n_{\text{w}}$
3	根据式(4-8)求得 $F(m)$ 值;
4	if $F(m) >= F_{\max} \mid\mid t_R(m-1) > 0$
5	根据式(4-14)求得 $t_R(m)$ 的最小值;
6	else
7	$t_R(m) = 0$;
8	end

表 4-3(续)

9	根据式(4-9)求得 R_m 值;
10	end
11	根据式(4-8)求得 $F(n_w+1)$ 值;
12	求总休息时间 $T_r = \mathrm{sum}(t_R)$;
13	求总拆解时间 $T_d = n_w * t_w + T_r$;

输出: T_d、T_r、t_w 和解码后的拆解序列(零件编号、零件方向和执行者编号)。

3. 变异操作

执行者编号需根据 3.6.2 提出的任务分配方法设定,即任务分配标签为 H 或 R 的零件与执行者编号一一对应,不能随机选取执行者编号。因此,变异操作仍然是改变执行者,作用于 v^3,只是需要做相应的调整:首先获取零件的任务分类标签,选择任务分类标签为 H/R 的零件放入一个集合中。其次,从这个集合中随机选择两个零件,在拆解序列中确定这两个零件的下标。最后,交换对应的两执行者编号,完成变异操作。

4.3　案例分析与讨论

为了验证本书所提出的多人异步拆解和人机异步拆解序列优化方法,本节采用上一章的案例,以电池包拆解到模组为例。各零件的拆卸信息如表 4-4 所示,包括各零件的工人和机器人的基本拆卸时间、工具准备时间和拆卸工具编号,以及边界框中心坐标值。拆卸工具和编号如表 4-5 所示,其中工具编号 1108、1110 中的"11"指的是气批和套筒,08、10 指的是螺纹紧固件的型号;工具编号 81、82 中的"8"指的是机器人用的夹具,1、2 指的是夹具型号。这里工人的拆卸时间是根据多次实验统计得到的,机器人的拆卸时间是从企业处获取后处理得到的。GA 在 MATLAB R2019a 中实现,所有实验均在 Intel(R)Core(TM)i5-6500 3.20 GHz 3.19 GHz 处理器、8 G 内存、Windows10 操作系统的计算机上进行。

表 4-4 PHLBP 中各零件的拆卸信息

零件编号	工人基本拆卸时间/s	工人准备工具时间/s	工人拆卸工具	机器人基本拆卸时间/s	机器人准备工具时间/s	机器人拆卸工具	位置坐标/mm
1	5	0	0				[98.0, 66.8, 64.3]
2	3	0	0				[98.0, 62.8, 64.3]
3	5	2	2				[40.3, 113.3, 182.3]
4	3	0	0	5	6	81	[58.5, 90.3, 41.7]
5	3	0	0				[72.5, 83.5, 245.4]
6	2	0	0	5	6	82	[−115.8, 61.0, −231.8]
7	2	0	0	5	6	82	[−115.8, −61.0, −231.8]
8	18	0	0				[−76.9, 24.0, 20.5]
9	3	0	0	5	6	82	[−323.6, −6.6, −244.1]
10	9	0	0	20	6	82	[9.3, 41.7, 81.6]
11	18	0	0	40	6	82	[47.0, 0.0, 408.4]
12	18	0	0	40	6	82	[47.0, 0.0, 21.4]
13	36	0	0	80	6	82	[9.3, 55.3, 257.6]
14	36	0	0	80	6	82	[9.3, −55.3, 257.6]
15	20	0	0				[9.3, −0.6, 259.7]
16	320	0	0				[38.5, 0.0, 257.8]
17	320	0	0				[−20.0, 0.0, 257.8]

表4-4(续)

零件编号	工人基本拆卸时间/s	工人准备工具时间/s	工人拆卸工具	机器人基本拆卸时间/s	机器人准备工具时间/s	机器人拆卸工具	位置坐标/mm
18	40	0	0				[30.0,-1.8,147.0]
19	3	0	0				[-98.4,-21.0,62.0]
20	5	0	0				[-98.4,-28.0,62.0]
21	21	6	1108	108	6	1108	[-349.5,66.8,64.3]
22	2	0	0				[55.3,113.3,182.3]
23	4	0	0				[58.5,104.8,-134.3]
24	5	6	1108	24	6	1108	[60.8,96.6,164.1]
25	8	2	3				[58.5,96.8,-178.3]
26	7	6	1110	36	6	1110	[140.5,66.8,64.3]
27	10	6	1110	48	6	1110	[140.5,66.8,-258.9]
28	8	2	3				[-151.4,31.3,68.4]
29	20	6	1110	96	6	1110	[-12.0,-53.3,431.3]
30	9	6	1108	42	6	1108	[137.6,3.5,306.3]
31	33	6	1110	72	6	1110	[9.3,71.3,88.8]
32	20	6	1108	96	6	1108	[8.2,0,106.5]

表 4-5　拆卸工具和编号

序号	拆卸工具	工具编号
1	气批+套筒	11+螺纹型号
2	气批+批头	12+螺纹型号
3	一字螺丝刀	2
4	斜口钳	3
5	吊具	4
6	尖嘴钳	5
7	切割机	6
8	模组抓取工具	7
9	夹具	8+夹具型号

4.3.1　多人异步拆解序列优化结果分析与讨论

GA 中需要确定两个主要参数：交叉率 P_c 和变异率 P_m。本节基本参数设定为种群大小 Nind = 100，最大遗传代数 Maxgen = 500，对给定的 P_c 和 P_m 进行了 3 次模拟。本案例的电池包规模较小，设置执行者数量 WN = 2。表 4-6 列出了这些实验的平均完工时间和最优完工时间。从表 4-6 中看出，WN = 2，P_c = 0.6，P_m = 0.7 时，可以得到近似最优解，其拆解方案如表 4-7 所示，收敛曲线图和甘特图如图 4-5 所示。

表 4-6　P_c 和 P_m 对算法结果的影响

WN	P_c	P_m	平均完工时间/s	最优完工时间/s
	0.8	0.7	580	572
		0.6	586	581
		0.5	576	573
		0.2	580	572
		0.1	583	577
		0.05	572	570
2	0.7	0.7	575	569
		0.6	579	567
		0.5	577	573
		0.2	582	575
		0.1	573	567
		0.05	578	572

表 4-6（续）

WN	P_c	P_m	平均完工时间/s	最优完工时间/s
	0.6	0.70	578	562
		0.60	581	575
2		0.50	580	574
		0.20	577	574
		0.10	582	574
		0.05	578	577

表 4-7　最优拆解方案

WN = 2			
零件编号	拆卸方向	拆卸工具	工人编号
21	3	1108	1
1	3	0	2
2	3	0	2
26	3	1110	1
22	1	0	2
25	3	3	1
3	3	2	2
23	6	0	1
24	3	1108	2
5	3	0	2
27	3	1110	1
4	3	0	2
6	3	0	1
28	3	3	2
7	3	0	1
31	3	1110	2
8	3	0	1
10	3	0	2

表 4-7（续）

WN=2			
零件编号	拆卸方向	拆卸工具	工人编号
32	2	1108	1
29	3	1110	1
9	3	0	1
13	3	0	2
16	3	0	1
11	3	0	2
12	3	0	1
17	3	0	2
15	1	0	1
30	3	1108	2
14	3	0	1
18	3	0	2
19	3	0	2
20	3	0	2

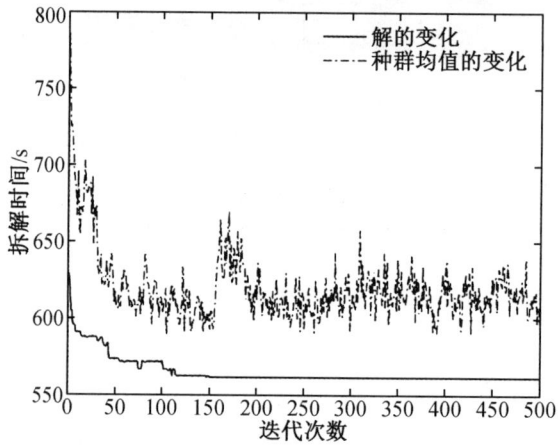

(a)收敛曲线图

电池包的一个最佳拆解方案(最短完工时间为562 s)

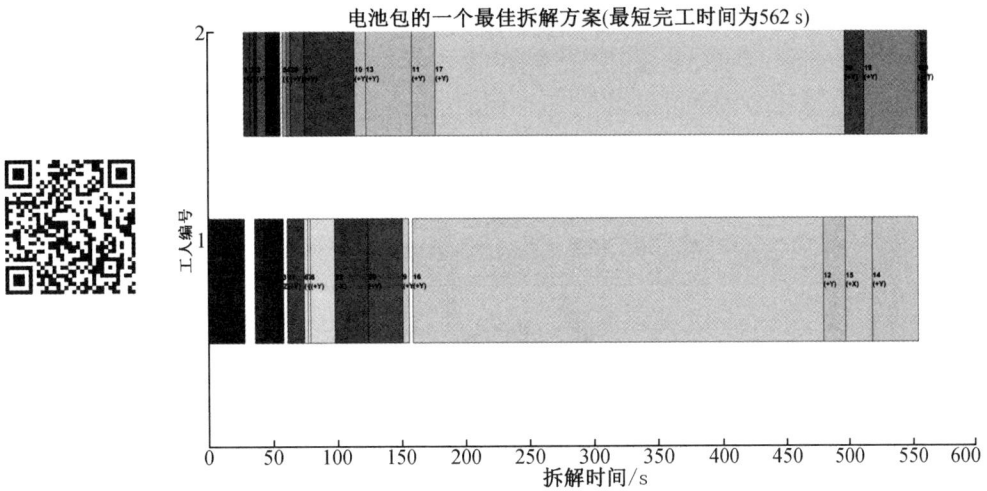

(b)甘特图

图 4-5　WN=2 的收敛曲线图和甘特图

为了分析优先法线方向拆解对最优拆解时间的影响,采用本章的案例、数学模型和求解算法,分别用文献[77]中提出的可行序列迭代生成方法(优先+Y方向拆解)和本书提出的多人异步拆解可行序列生成方法(优先法线方向拆解)进行种群初始化。这两种序列生成方法对序列拆解时间的影响如表 4-8 所示,从表中可以看出,优先法线方向拆解的最优拆解时间远短于优先+Y方向拆解的时间,而优先法线方向拆解的平均拆解时间长于优先+Y方向拆解的时间。原因在于:优先法线方向拆解的序列生成方法每次都先搜索法线方向可拆卸零件,若搜索为空则再搜索+Y方向可拆卸零件,这种方式可多生成一些符合实际拆解情况的序列,但也容易增加迭代结果的不确定性,导致优先法线方向拆解的序列生成方法稳定性较差。此对比验证了所提出的多人异步拆解可行序列生成方法的有效性。

表 4-8　优先拆解方向对序列拆解时间的影响　　　　　　s

序号	优先拆解方向	
	法线	+Y
1	590	579
2	562	572
3	583	575
4	575	579
5	585	577
平均拆解时间	579	576
最优拆解时间	562	572

本书计算拆解时间时考虑了等待策略,表4-9为4.1.1提出的3种策略对拆解时间的影响。从表4-9中可以看出,本书使用的策略1在平均拆解时间和最优拆解时间上明显优于策略2和策略3,而不使用等待策略的拆解时间最长。

表4-9 等待策略对序列拆解时间的影响

  s

序号	等待策略		
	策略1(等待时间与准备时间重叠的等待策略)	策略2(等待时间与准备时间不重叠的等待策略)	策略3(不使用等待策略)
1	590	583	584
2	562	593	589
3	583	584	609
4	575	589	590
5	585	583	587
平均拆解时间	579	586	592
最优拆解时间	562	583	584

4.3.2 人机异步拆解序列优化结果分析与讨论

参考文献[122]和[123],取 $\lambda = 0.001\,280\,012$,$\mu = 0.03$,$F_{max} = 0.95 : 0.05 : 0.65$[①]。当 $F_{max} \leq 0.8$ 时,休息时间 t_R 为复数,说明该范围的 F_{max} 不适用于本案例,因此,F_{max} 的取值设为 0.95,0.90,0.85。根据一个工作日工作 8 h(28 800 s)计算,本案例从单个电池包拆解到模组的众多最小拆解时间值中取一值用于数值分析:$t_w = 1\,268$ s,则确定 $n_w = 21$。

首先,研究 F_{max} 如何影响批量产品的总拆解时间 T_d 和总休息时间 T_r。表 4-10和图 4-6 说明了随着 F_{max} 的降低,T_r 和 T_d 增加,T_r / T_d 也增大,且 T_r 曲线的斜率明显大于 T_d。可见最大疲劳水平(F_{max})越低,工人需要休息的时间越长,即恢复周期越长,这与本书使用的疲劳函数有关。

其次,研究在不同 F_{max} 下,工人的疲劳水平 F 在整个作业周期($m = 1, \cdots, n_w$)内的变化。从图 4-7(a)中可观察到第一个工作周期结束时 F 都大于 0.8,但在没有达到 F_{max} 之前是不会安排任何休息时间的。一旦工人达到或超过 F_{max},不允许直接执行下

---

① 0.95:0.05:0.65 表示 F_{max} 的最小值为 0.65,以 0.05 为间隔递增,最大值为 0.95,即 F_{max} 取值为 0.65,0.70,$\cdots$,0.95。

一个工作周期,会在每个工作周期结束时都插入休息周期。所以从第二个工作周期开始,每个工作周期结束时都安排了休息周期。该模型取休息时间 t_R 的最小值,只允许必要的恢复,以确保工人的疲劳水平在下一个工作周期结束时正好达到 F_{max}。另外,随着 F_{max} 降低,工人的疲劳水平 F 的变化也会增加。这是疲劳函数模型的结果,其斜率随着 F_{max} 的提高而减小。因此,一旦工人达到了较高的 F,一个相对较短的休息时间就可以减轻工人的疲劳,因为 F 不会在下一个工作周期中强烈增加。相比之下,如果 F_{max} 采用较低的值,工人需要更长的休息时间来平衡下一个工作周期中 F 的增加。从图 4-7(b)中可以看出 F_{max} 对每个休息周期时间的影响。虽然 F_{max} 值较低时需要更长的休息时间,但工人的身体承受了较低的疲劳值,降低了职业疾病发生的概率。

表 4-10　F_{max} 对总拆解时间和总休息时间的影响

F_{max}	T_r/s	T_d/s	T_r/T_d
0.95	152	26 780	0.57%
0.90	382	27 010	1.41%
0.85	802	27 430	2.92%

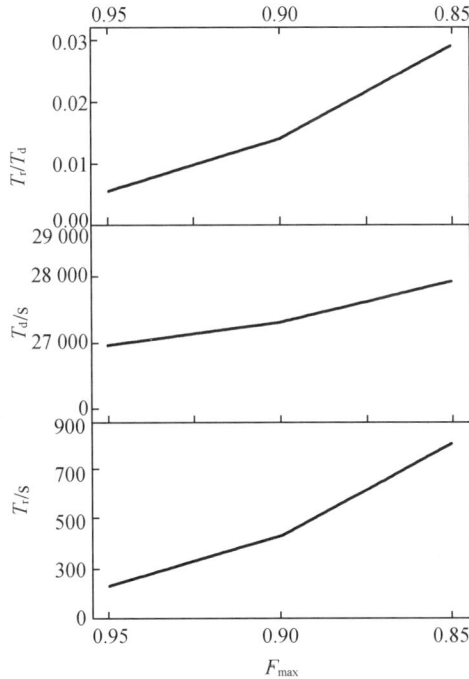

图 4-6　F_{max} 对 T_r、T_d、T_r/T_d 的影响

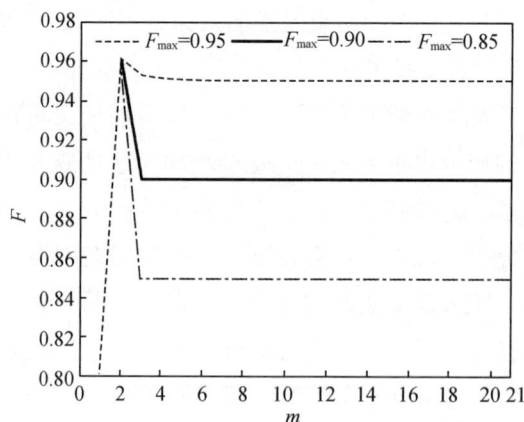

(a) F_{max} 对 F 的影响

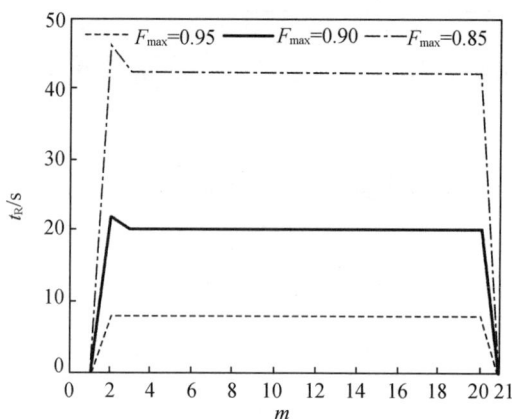

(b) F_{max} 对 t_R 的影响

图 4-7 F_{max} 对 F 和 t_R 的影响

当 $F_{max}=0.95$ 时,本案例的近似最优拆解方案如表 4-11 所示,收敛曲线图和甘特图如图 4-8 所示。单个产品的拆解时间为 1 259 s,批量拆解的总休息时间为 152 s,总拆解时间为 26 591 s。本案例中,单个产品的人机协作拆解时间是两人异步拆卸时间的 2 倍多,原因在于机器人拆卸单个零件花费的时间颇多,后续会逐步优化机器人在拆解过程中的路径和相关算法,缩短拆解时间。

表 4-11 近似最优拆解方案

WN=2			
零件编号	拆卸方向	拆卸工具	工人编号
21	3	2	1108
1	3	1	0

表 **4-11**（续）

WN＝2			
零件编号	拆卸方向	拆卸工具	工人编号
2	3	1	0
23	6	1	0
26	3	2	1110
25	3	1	3
22	1	1	0
3	3	1	2
24	3	2	1108
5	3	1	0
4	3	2	0
31	3	1	1110
27	3	2	1110
28	3	1	3
6	3	1	0
7	3	1	0
10	3	1	0
8	3	1	0
29	3	2	1110
32	2	2	1108
13	3	1	0
17	3	1	0
11	3	2	0
16	3	1	0
12	3	2	0
15	1	1	0
9	3	2	0
30	3	1	1108
14	3	2	0
18	3	1	0
19	3	1	0
20	3	1	0

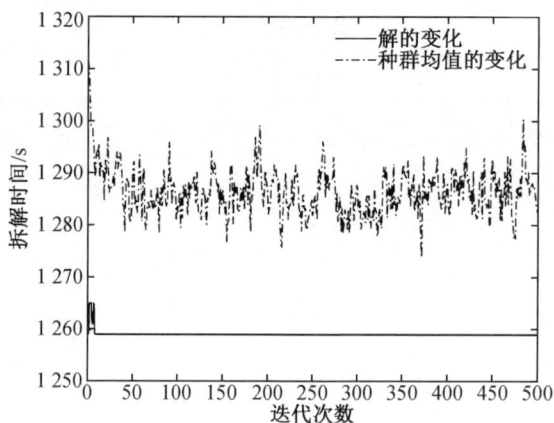

(a)收敛曲线图

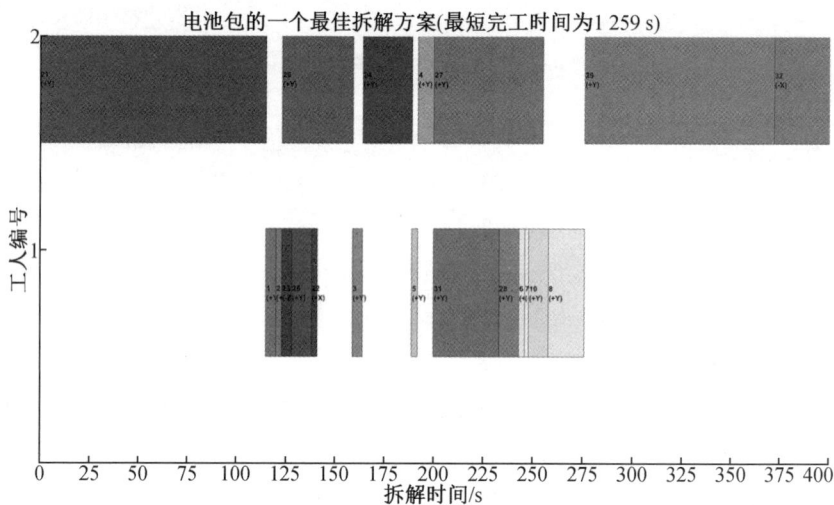

(b)甘特图

图 4-8　$F_{max} = 0.95$ 下的收敛曲线图和甘特图

4.4　本章小结

考虑拆解过程安全和电池规模,ATB 一般采用多个执行者拆解。人机协作拆解结合了人与机器人各自的优势,二者共同完成拆解任务,可提高拆解能力,降低拆解危害和劳工成本。本章针对多人异步拆解和人机异步拆解进行拆解方案优化,以单个电池拆解为出发点,引入等待策略,分析单个零件拆解时间的组成,采用 IGA 对多人异步拆解优化模型进行求解；以批量电池拆解为出发点，分析人员疲劳水平对批量电池拆解总时间的影响，构建了基于疲劳–恢复模型的人机异步拆解优化模型，对IGA进行修正以适应此优化模型，通过数值实验分析了最大疲劳水平对模型的影响，并求解近似最优的拆解序列。

第5章 汽车动力蓄电池的拆解序列规划云服务原型系统

ATB 具有多品种、多规格、结构复杂等特点,拆解知识丰富,包含用于构建产品拆解信息模型的基本信息和用于拆解序列生成和优化的过程信息,对这些拆解知识进行有效管理是为 ATB 提供 DSP 服务的重要保障。另外,为了便于企业利用本书所提供的方法和模型,获取针对 ATB 的拆解信息和 DSP,还需要开发相应的 DSP 服务系统以提供技术支持。因此,本章开发 DSP 云服务原型系统,以 ATB 的生产企业、拆解企业和科研院所为应用对象,开展系统的需求分析、功能性分析、体系架构和主要功能模块设计与实现研究。

5.1 系统需求分析和功能性分析

目前,拆解企业拆解一批某型号的退役 ATB 的流程如下:先在企业系统里查阅是否有同型号的拆解作业指导书,若无则结合拆解工程师的拆解经验进行多次拆解实验,选择一种安全性和拆解效率较高的拆解方案并制定拆解作业指导书,指导拆解工人拆解这批 ATB。这种拆解流程费时费力,对知识的使用和管理方式也比较低效[153-154]。

云计算通过资源(网络、虚拟机、软件、服务器、服务等)按需提供可动态伸缩的廉价计算服务。云计算提供的 3 种服务模式之一——SaaS(Software as a Service,即软件即服务),是指向中小制造企业提供灵活服务,可有效帮助这些企业解决企业信息化和资源共享的问题[155]。而云制造是基于云计算、协调制造、物联网等技术,以“制造即服务”为核心理念的一种新的制造模式,为产品提供高性价比和全球化制造的服务[156-157]。云制造是工业化与信息化的深度融合,它从制造、销售领域延伸扩展到使用、服务等领域。所以,云制造的核心虽然是智能制造,但外延比智能制造更宽泛。

本章将云制造引入 ATB 的 DSP 中,开发 ATB 的 DSP 云服务系统(简称“DSP 云服务系统”),将现有的模型、算法和数据利用物联网、云计算等智能技术传输到云平台终端上进行云存储,由云平台整合管理,提供低成本高附加值的拆解服务[158]。

5.1.1　应用场景

当前 ATB 拆解还处在人工拆解阶段,产品内部信息敏感,企业之间共享艰难,ATB 的 DSP 效率不高。ATB 生产商不愿提供产品结构信息,ATB 拆解企业和科研院所只能打开动力电池上盖,在了解产品内部结构后再进行 DSP,形成了一种资源分散、无法共享共建、统一管理和分配的现状。

结合云服务理论和先进网络技术构建的 DSP 云服务系统,主要服务于电池生产企业、拆解企业和科研人员,将电池相关知识存储到云平台上,通过服务形式提供多样的应用。这种形式所带来的影响如下:各类电池生产企业、拆解企业和科研院所可加盟云服务平台,电池生产企业以统一的服务接口来发布产品拆解信息服务,科研院所根据发布的产品拆解信息进行产品 DSP 并发布 DSP 服务,而拆解企业可根据发布的DSP 方案制定产品拆解计划,也可根据自身需求制定合适的拆解方案并发布 DSP 服务。而电池生产企业可以根据发布的 DSP 方案调整电池的设计方案,便于退役电池的拆解回收,以更低的成本回收电池材料。从而实现电池产业的循环经济发展和可持续发展。

5.1.2　系统目标与用户

DSP 云服务系统提供了一种面向多用户、多部门的共享服务资源的新型服务模型,将电池生产企业、拆解企业和科研院所的资源汇聚和整合,由云端统一进行数据存储和资源共享,构建一个基于云的开放、协同和共享的数字化 DSP 云服务系统。各机构加强交流,相互合作,发挥各自的优势,实现资源共享和可持续利用,为后续 ATB 的梯级利用提供信息支撑,促进电池产业一体化发展。

根据系统角色功能将本系统的角色分为管理员和用户。管理员即服务管理者,分为系统管理人员和技术人员。其中系统管理人员拥有云服务系统的最高权限,可以为其他用户授予使用权和分配资源。而技术人员包括建设和完善系统的应用开发者以及日常检查与维护系统的运维者,他们保证了系统稳定运行。系统用户主要分为服务提供者和消费者,二者都包含电池生产企业、拆解企业和科研院所。电池生产企业可以提供产品拆解信息服务,拆解企业可以提供产品拆解信息服务和 DSP 服务,而科研院所可以提供 DSP 服务。电池生产企业可以从系统中获取 DSP 服务,调整电池设计方案,便于退役电池拆解;拆解企业可以从系统中获取产品拆解信息服务和 DSP 服务,指导或改善实际拆解过程;而科研院所可以从系统中获取产品拆解信息服务进行DSP 研究。这种服务方式可以实现资源共享和持续利用,图 5-1 为系统角色与用户图。

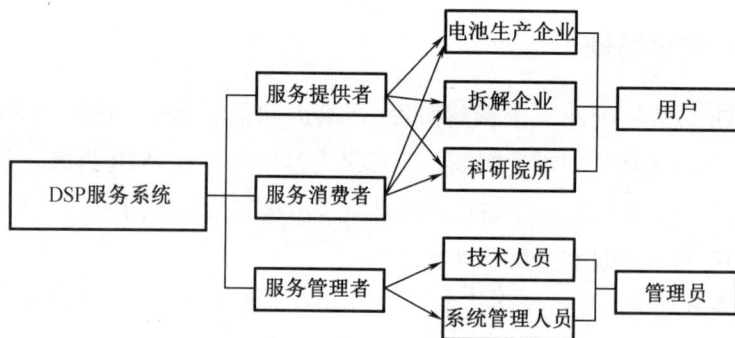

图 5-1　系统角色与用户图

5.1.3　功能性分析

DSP 云服务系统主要由客户端和服务端两大体系组成。图 5-2 为系统整体功能图。客户端为访问主页,包括门户信息模块、注册管理模块、服务模块和注册登录模块。用户访问客户端主页,浏览相关拆解服务信息,进行注册登录。针对不同系统角色(平台用户和管理员),系统的服务功能不同。服务端分为云服务管理和云资源管理。企业可申请入驻云系统,而管理员通过云系统对机构进行资格审查、服务发布审核,并对云资源进行监控、调度和预警管理,动态调度系统资源,保证提供稳定运行服务。

1. 客户端功能

系统角色通过系统主页进行浏览,内容涉及拆解服务简介和拆解服务发布指南,经注册登录窗口进行在线注册与登录。图 5-3 为系统注册、登录关系图。登录进入空间后,用户在用户空间可以使用注册管理和服务功能,管理员在管理员空间可以使用用户管理、云服务管理和云资源管理功能。

用户空间面向所有用户,包括企业和科研院所。登录后的用户可以进行产品或服务注册管理,可以发布拆解信息服务和 DSP 服务,经管理员审核通过后可以有偿获取服务。用户如果有服务需求或疑问都可以通过消息管理模块发送消息和查看客服人员的回复消息。

管理员空间面向系统管理员。管理员管理这些用户的账户信息和权限,并审核企业和科研院所的入驻申请,使其按需租用相关服务资源,使满足条件的用户可以在系统上发布服务。管理员需根据市场需求对服务的资费进行调整,生成资费报表。管理员还需对云系统的资源进行监控与调度,根据资源使用情况设置预警值,提前采取措施以确保资源合理配置。用户空间和管理员空间功能图如图 5-4 所示。

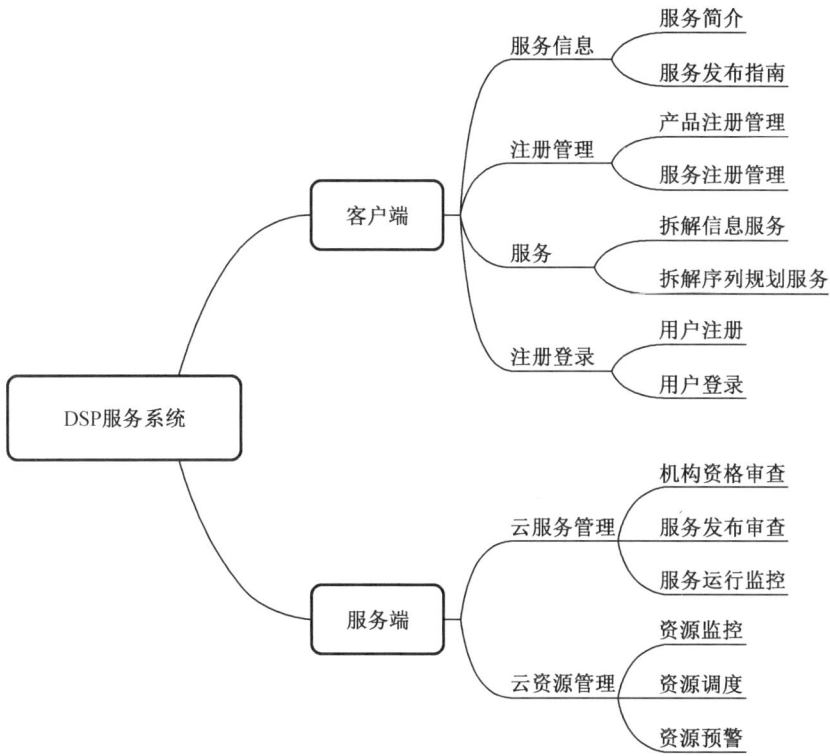

图 5-2　系统整体功能图

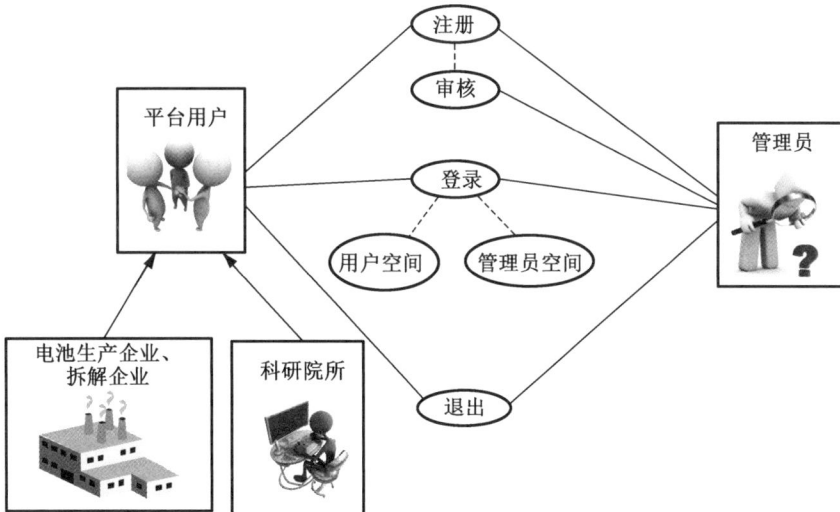

图 5-3　系统注册、登录关系图

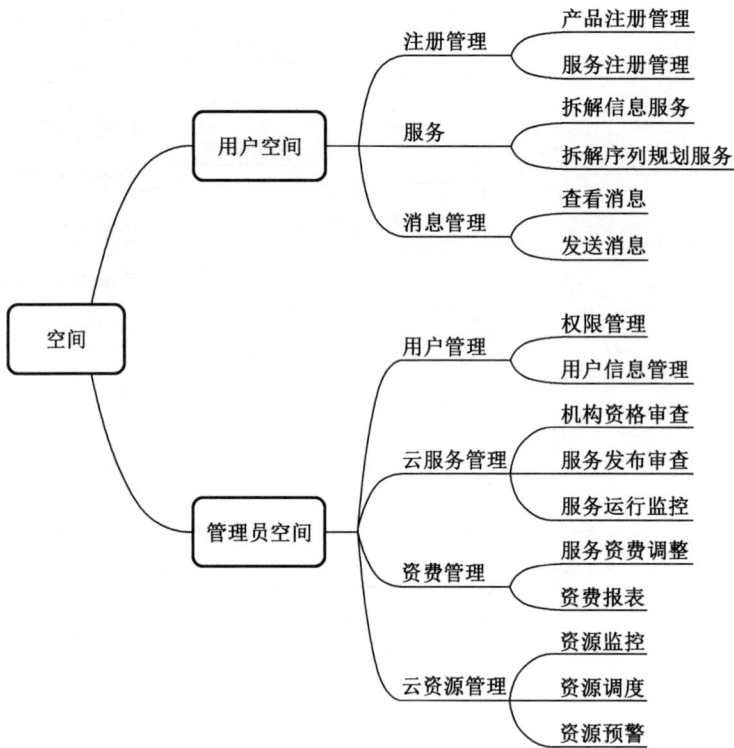

图 5-4　用户空间和管理员空间功能图

2. 服务端功能

各企业机构通过管理员审核后,可入驻云平台,无须进行操作系统、磁盘存储、网络资源等配置,也无须开发系统和管理资源,按需租用,降低了信息化建设和维护成本。云平台实施多租户管理,较好地持续化利用各机构的优质资源,实现了低成本的ATB 拆解信息化服务。

DSP 云服务系统统一管理入驻的机构,进行资源分配,利用服务监控与负载均衡等策略进行服务管理,保障 DSP 云服务系统运行稳定[159]。各机构通过云平台共享资源和加强合作交流,根据各机构的优势合理分配拆解资源,为 ATB 实施智能化拆解提供信息和技术支持。

5.2　系统体系架构

通过对 DSP 云服务系统进行需求分析,DSP 云服务系统的体系架构如图 5-5 所示,包括资源层、业务逻辑层和服务层。

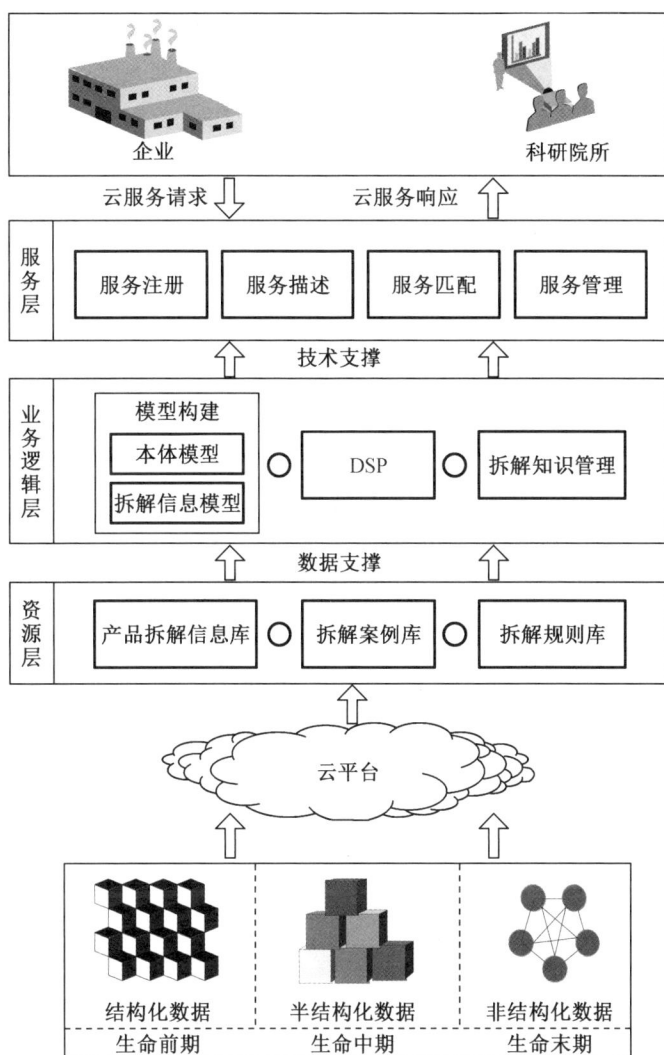

图 5-5　系统体系架构

5.2.1　资源层

DSP 云服务系统资源包含产品拆解信息库、拆解案例库和拆解规则库,是业务逻辑层的数据支撑。其中产品拆解信息库是 DSP 的重要信息来源,包括产品的基本信息、状态信息和过程信息。根据本体模型,采用语义描述语言 OWL2,形成拆解案例库和拆解规则库。

5.2.2　业务逻辑层

业务逻辑层分为模型构建、DSP 和拆解知识管理等,这里的模型构建包含本体模型和拆解信息模型。本体模型可以根据需求的改变扩展,修订拆解案例库和拆解规则库。拆解信息模型是专家根据产品信息建立拆解约束矩阵和拆解规则。DSP 封装了多种数学模型和智能优化算法,用户可根据需求配置 DSP 问题的数学模型,选择求解问题的智能优化算法,获得优化结果。拆解知识管理是对产品拆解过程中的相关知识进行添加、更新和查询。这些业务为服务层提供技术支撑。

5.2.3 服务层

服务层涉及 4 个功能:服务注册、服务描述、服务匹配和服务管理。服务注册是添加新的服务。服务描述是对现有服务的特性进行 OWL-S 语义描述,便于用户发现和调用服务。服务匹配是根据用户发布的需求匹配合适的服务。服务管理包括审查入驻机构的资格、审核发布的服务、监控服务的运行,确保 DSP 云服务系统正常运行。

5.2.4 DSP 云服务系统构建涉及的一些关键技术

DSP 云服务系统构建涉及一些关键技术,下面逐一阐述。

1. 面向云平台的信息共享技术

产品信息和拆解知识属于多源异构数据。面向云平台的信息共享技术为这些数据提供一个统一管理和共享的环境,数据通过本体描述、封装,用户调用服务获取相关信息。信息共享技术涉及 Web 服务、SOA(Service-Oriented Architecture)架构等。

2. DSP 技术

DSP 技术是针对不同类型的 DSP 问题进行优化求解的方法,如前文中提出的异步-并行-局部破坏性-混合 DSP(混合并行 DSP 方法),多人异步 DSP(基于规则的 DSP 方法),人机异步 DSP(基于疲劳-恢复模型的人机协作 DSP 方法)。

3. 资源封装技术

资源封装是云制造体系的重要内容之一,是资源向服务转化的关键环节。资源封装主要分为硬资源、软资源和通用资源的封装。目前,很多研究人员采用本体建模进行资源描述和封装,成果显著。如李孝斌[160]和段克华[161]对硬资源进行虚拟化,便于调用;唐红[162]和孔令军[163]使用本体分别对软件资源和设计资源建模转化为服务。ATB 拆解知识复杂多样,对语义表达需求强大,所以本书借助本体的数据建模和推理功能,采用 OWL 语言对资源属性进行描述和封装,进而识别和调用这些资源。

4. 语义 Web 服务技术

传统 Web 服务描述缺少准确的语义信息,使计算机难以理解数据中的语义信息,无法获取准确的查询结果[164]。随着 Web 服务数量的大幅增长,传统 Web 服务已无法适应多样复杂的业务场景和满足灵活多变的用户需求[165]。将本体技术与 Web 服务相结合,采用本体描述语言 OWL-S 来统一、规范地描述服务以及提供良好的信息交互和逻辑推理能力,可提高服务描述的准确性,便于计算机执行匹配和搜索 Web 服务,解决语义服务交互问题[166]。

5.3　系统主要功能模块

根据需求分析和体系架构,本节开发了 DSP 云服务系统的部分功能:产品与服务的注册管理、拆解信息服务和 DSP 服务。图 5-6 为 DSP 云服务系统主页。用户在进入主页后可以游客身份浏览服务简介和服务发布指南。服务简介包含各服务的内容、服务识别号与服务提供商对应列表,方便用户进行服务查询。注册登录后,服务提供者可以注册管理产品和服务;服务消费者可以查询和使用拆解信息服务和 DSP 服务。接下来阐述这些功能模块。

图 5-6　DSP 云服务系统主页

5.3.1　产品注册管理

图 5-7 为产品注册管理界面。该模块涉及新产品注册,查询、修改和删除已注册的产品。产品的注册信息包含一些基本信息:产品识别号、产品类型、电池类型、产品型号、产品质量、生产日期、生产商。用户可以根据这些基本信息确认自己所需要的产品,进而获取指定产品的拆解信息服务和 DSP 服务。

5.3.2　服务注册管理

图 5-8 为服务注册管理界面。该模块涉及新服务注册,查询、修改和删除已注册的服务,查看该服务涉及的产品管理。服务的注册信息包含一些基本信息:服务识别

号、服务提供商和服务类别。图 5-9 为拆解信息服务所涉及的产品管理界面。用户通过服务产品管理子模块可以查看服务基本信息,通过输入产品识别号可以添加服务产品以及删除选中的服务产品。

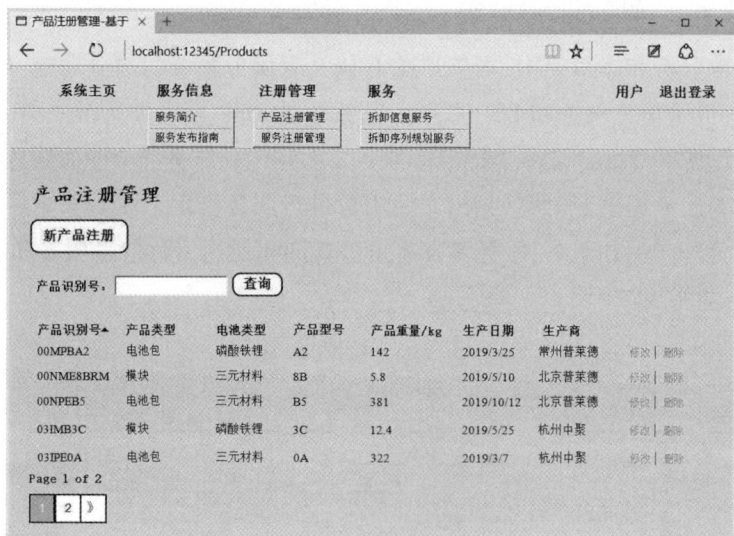

图 5-7　产品注册管理界面[①]

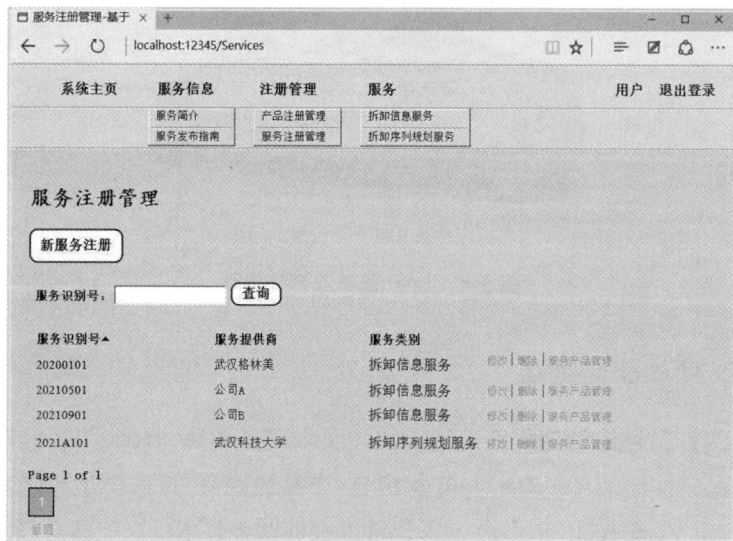

图 5-8　服务注册管理界面

---

①　图 5-7~图 5-15 中,"重量"应为"质量","拆卸"应为"拆解"。此处做出说明,图片与平台保持一致。

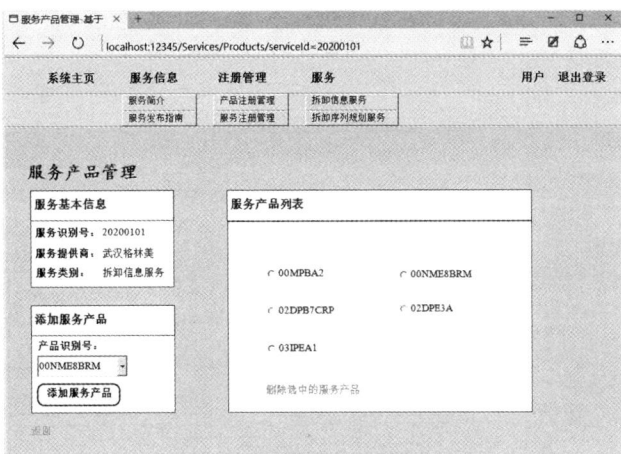

图 5-9　服务产品管理界面

5.3.3　拆解信息服务

图 5-10 为拆解信息服务查询界面。用户通过该模块可利用输入的产品识别号查询已注册产品的基本信息,确认产品后可点击该产品信息一栏最后的"产品详细拆解信息"来获取产品拆解信息服务。图 5-11 和图 5-12 为产品详细拆解信息,包含产品基本信息、装配图、爆炸图、零件清单以及拆解模型。零件清单包含零件编号、名称、类型、数量、拆解工具和型号(螺栓直径)。拆解模型包含产品的拆解约束矩阵(拆解规则可缺省)。不同类型的 DSP 问题会使用不同的拆解模型,所以不同的服务提供商可能提供不一样的拆解信息。拆解企业可根据某产品的拆解信息服务提供的数据和 DSP 服务提供的该产品的拆解方案进行分析和应用,而科研院所可根据这些信息进行 DSP 研究和验证。

图 5-10　拆解信息服务查询界面

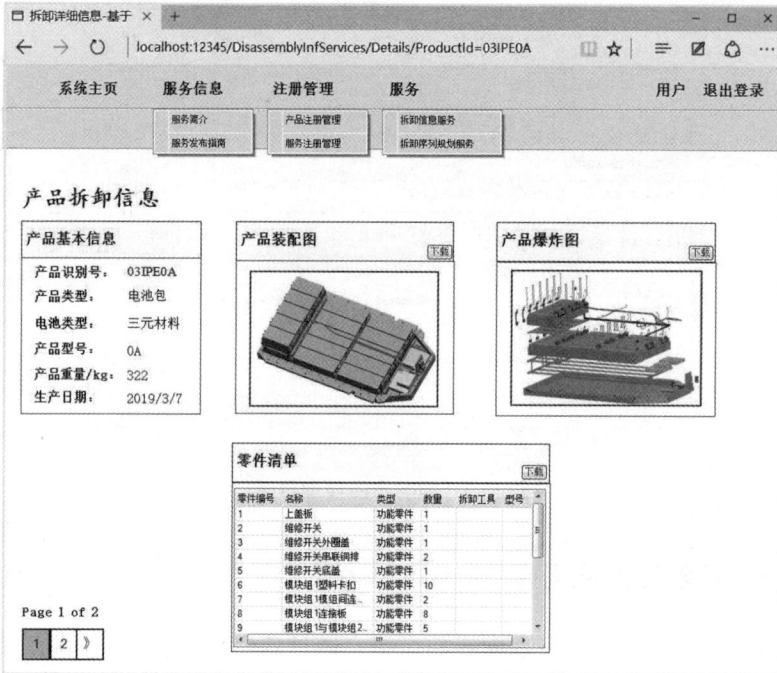

图 5-11　产品详细拆解信息界面 1

图 5-12　产品详细拆解信息界面 2

5.3.4　DSP 服务

图 5-13 为 DSP 服务界面。该模块根据服务识别号查询 DSP 服务,包括查询当前服务的方法阐述、该服务已规划的产品拆解方案和采用该服务求解新产品的拆解方案。用户根据服务识别号和服务描述选择某个服务,如果想查看该服务已规划的产品拆解方案,可点击"已求解的产品",在服务产品列表中根据产品识别号选择服务产品,可得到该产品使用该服务的拆解方案;如果想利用该服务求解新产品的拆解方案,则可点击"求解新产品",输入新产品的详细信息,零件拆解信息(零件编号、拆解工具编号、工人拆解基本时间、工人准备工具时间以及零件三维坐标)和拆解模型,在设置算法参数后,可得到优化的拆解方案(零件编号、拆解方向、拆解工具编号和工人编号)、收敛曲线图和甘特图。图 5-14 为基于规则的 DSP 服务界面。图 5-15 为 DSP 服务的算法参数设置与优化结果界面。

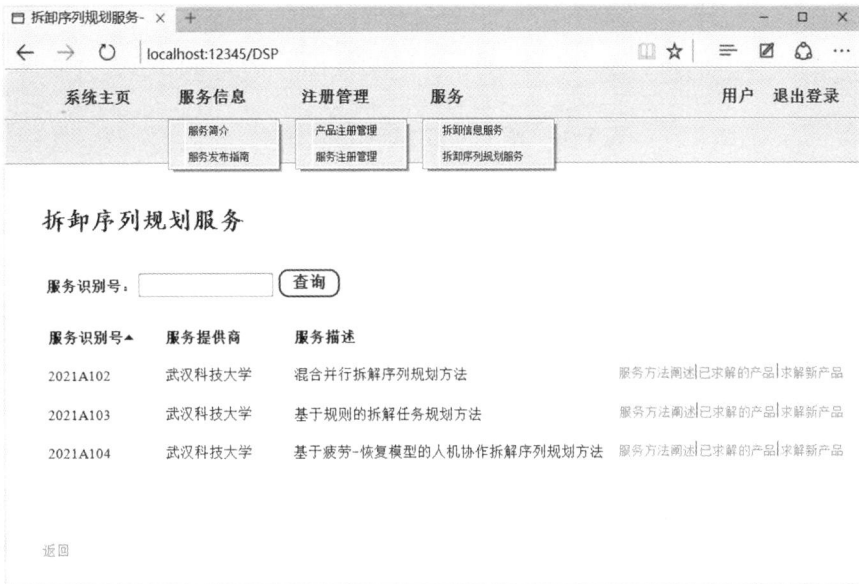

图 5-13　DSP 服务界面

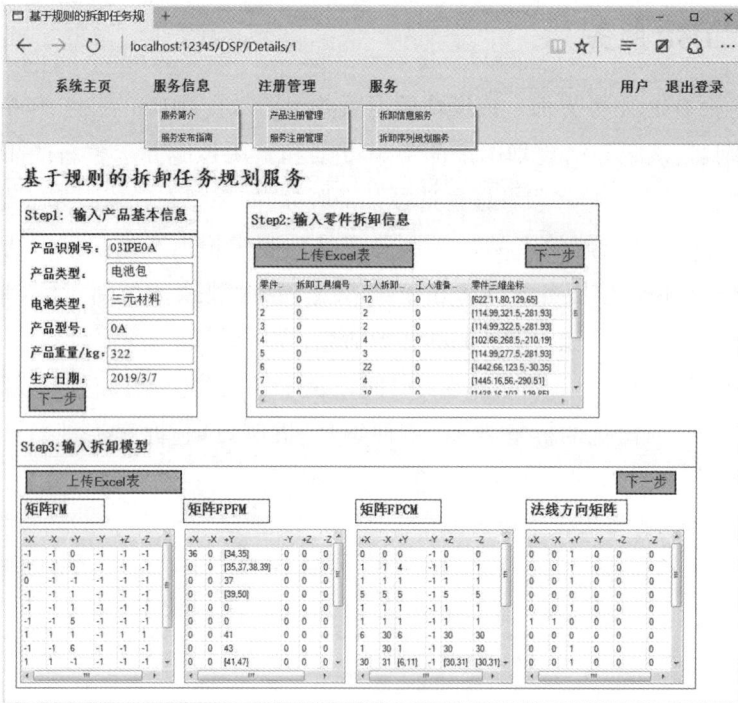

图 5-14　基于规则的 DSP 服务界面

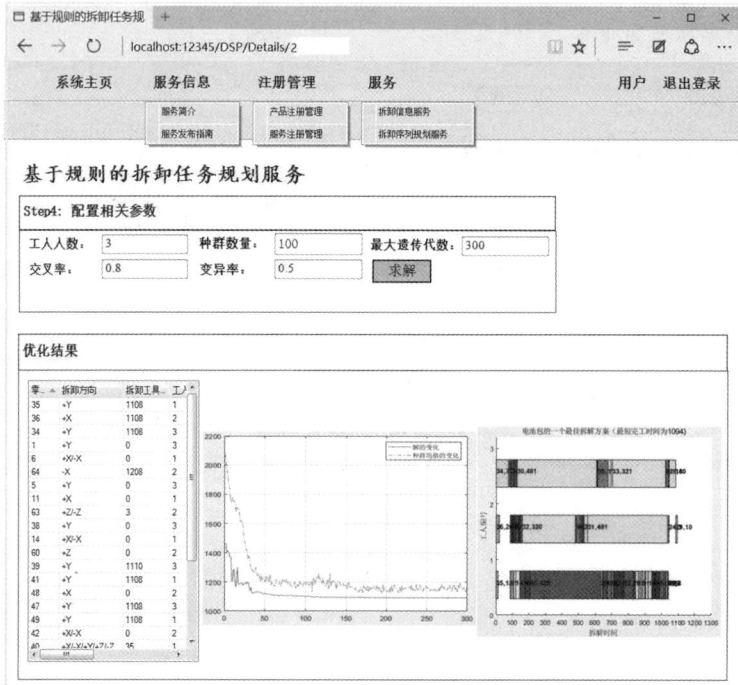

图 5-15　DSP 服务的算法参数设置与优化结果界面

5.4　本 章 小 结

本章采用云服务模式开发了 ATB 的 DSP 云服务原型系统,并对系统的需求分析和功能性分析、体系构架,以及与本书结论有关的主要功能模块进行了介绍。本章将现有的模型、算法和数据通过物联网、云计算等智能技术传输到云平台终端上,统一管理和整合拆解信息资源,为企业与科研院所提供低成本高附加值的拆解服务。

第6章 结论与展望

6.1 结 论

拆解是 ATB 实现梯级利用和资源化利用的首要环节,研究多源异构 ATB 的智能化、柔性化拆解既是提升拆解企业市场竞争力的战略需求,也是实现全球循环经济和碳中和的重要举措之一。本书在对拆解信息模型、拆解序列生成和优化方法的国内外研究现状进行分析与总结的基础上,针对当前研究的不足,围绕 ATB 的拆解信息建模、人工拆解知识快速生成拆解方案以及多人异步和人机异步拆解序列的生成与优化等方面开展研究,提出了相应的 DSP 方法,为 ATB 拆解企业实施智能化、柔性化拆解提供理论参考与技术指导。本书的主要研究成果和创新点如下:

(1)提出了一组基于连接件和功能零件的拆解约束矩阵和一种考虑环境与安全约束的异步–并行–局部破坏性–混合拆解序列生成方法

本书分析了 ATB 的组成结构和拆解过程,确定了拆解 ATB 的作业模式和揭示零件连接方式和拆解顺序的关联。通过分析 ATB 和 3 种装配特征,剖析零件连接方式、装配约束与拆解顺序的映射关系,建立了一种由连接件直接遮盖关系矩阵 **FM**、功能零件固定关系矩阵 **FPFM**、功能零件直接遮盖关系矩阵 **FPCM** 和功能零件限制关系矩阵 **FPRM** 4 个矩阵组成的拆解约束矩阵,描述了破坏性和非破坏性连接方式零件间的约束和连接关系。根据拆解约束矩阵,对连接件和功能零件的可拆解性制定了判定规则。考虑拆解时的环境约束和安全约束,优先法线方向拆解,提出了一种异步–并行–局部破坏性–混合拆解可行序列生成方法,并使用实例验证了该方法的有效性。

(2)提出了一种基于本体和局部破坏性规则的拆解本体语义模型和序列规划方法

本书通过对拆解知识的分类和表示方法的分析,依据拆解约束矩阵,构建了面向 ATB 的拆解本体信息模型,并对人工拆解知识和经验进行了规范化、语义化描述,构建了拆解案例库和拆解规则库(局部破坏性拆解规则和拆解工具选择规则)。在此基础上,提出了基于 CBR/RBR 方法的拆解序列生成方法。针对多人异步拆解序列,细分拆解时间,提出了一种基于等待策略的拆解时间优化模型。为了验证该方法的有效性,通过实例,采用 IGA 求解了近似最优的拆解方案。

(3)提出了一种基于零件自动化潜力评估的人机拆解任务分配方法和基于疲劳–恢复模型的人机异步拆解序列优化模型

有别于多人异步拆解方式,人机异步拆解可降低劳工成本,抗危险和抗疲劳能力强。但两执行者的执行能力差异大,各有优、劣势。本书提出了一种基于零件自动化潜力评估的人机拆解任务分配方法,将生成的可行拆解序列明确地分配给工人或机器人,并以批量拆解 ATB 为出发点,考虑人员疲劳–恢复对人机拆解效率的影响,构建了一种基于疲劳–恢复模型的总拆解时间优化模型。通过实例分析了最大疲劳水平对模型的影响,并求得了近似最优的拆解方案。

(4)开发了基于云服务的 DSP 原型系统

本书分析了 DSP 云服务系统的需求和功能,设计并详细阐述了系统的体系架构,在开发系统主要功能模块时,将上述研究成果应用于该系统中。该系统以 ATB 的生产企业、拆解企业和科研院所为应用对象,协同管理和整合拆解信息资源,为企业与科研院所提供低成本高附加值的拆解信息和 DSP 服务。

6.2 展　　望

随着 EV 在全球汽车行业占有率的不断提高,退役 ATB 的数量也逐年急剧增加,为了推动 ATB 产业的可持续发展,广大专家学者开始研究 ATB 拆解。在拆解产品之前,进行有效的 DSP 对整个拆解过程起引导作用,是拆解过程中的一个重要环节。本书对 DSP 方法在 ATB 拆解中的应用进行了深入的研究,取得了一些研究成果,但由于 DSP 问题的复杂性和时间限制,还需从以下几个方面进行完善和探索:

(1)本书的拆解约束矩阵需要人工输入,影响 DSP 效率,后续可研究自动化的建模方法。另外,需扩展本体和拆解规则,使其更具实用性。将更多的拆解知识添加到案例库和规则库中,可提高规划的准确度。未来可以使用机器学习方法从拆解操作中学习,逐渐放弃手工规则,提高拆解效率。

(2)本书采用的疲劳–恢复模型和相关参数(疲劳累积参数、恢复累积参数和最大疲劳水平)来自文献[122]和[123],不一定符合本书的拆解场景。下一步可研究拆解 ATB 过程中人员疲劳–恢复水平与拆解效率之间的数学模型和相关参数,以期符合实际拆解环境。

(3)本书对经典的 GA 进行了改进,但没有采用更加优越的智能优化算法或与其他局部搜索方法进行混合设计。下一步可针对多个优化目标,研究更加高效的优化算法,在兼顾计算成本的情况下提高解的质量。

(4)本书设计的 DSP 云服务系统有很重要的实用价值,但系统还不够具体和完善,云服务系统的信息安全问题也需要考虑,下一步可研究和开发更契合用户需求的 DSP 云服务系统。

参 考 文 献

[1] ZHANG Z E, PAN S Y, LI H, et al. Recent advances in carbon dioxide utilization [J]. Renewable and Sustainable Energy Reviews, 2020, 125:109799.

[2] MALLAPATY S. How China could be carbon neutral by mid-century [J]. Nature, 2020, 586(7830):482-483.

[3] 殷中枢, 黄帅斌, 王招华, 等. 碳中和深度报告(二):碳中和与大重构:供给侧改革、能源革命与产业升级 [R]. 上海:光大证券, 2021.

[4] 尹斌, 黎江涛. 2022 年新能源汽车行业深度研究 [R]. 深圳:华鑫证券, 2022.

[5] HARPER G, SOMMERVILLE R, KENDRICK E, et al. Recycling lithium-ion batteries from electric vehicles [J]. Nature, 2019, 575(7781):75-86.

[6] CHEN M Y, MA X T, CHEN B, et al. Recycling end-of-life electric vehicle lithium-ion batteries [J]. Joule, 2019, 3(11):2622-2646.

[7] ZHANG H M, HUANG J Y, HU R H, et al. Echelon utilization of waste power batteries in new energy vehicles: review of Chinese policies [J]. Energy, 2020, 206:118178.

[8] HELLMUTH J F, DIFILIPPO N M, JOUANEH M K. Assessment of the automation potential of electric vehicle battery disassembly [J]. Journal of Manufacturing Systems, 2021, 59:398-412.

[9] KOOTSTRA M A, TONG S J, PARK J W. Photovoltaic grid stabilization system using second life lithium battery [J]. International Journal of Energy Research, 2015, 39 (6):825-841.

[10] IDJIS H, DA COSTA P. Is electric vehicles battery recovery a source of cost or profit? [M]//ATTIAS D. The Automobile Revolution. Cham:Springer, 2016:117-134.

[11] TIAN C D, LIU Y M, KE II, et al. Energy evaluation method and its optimization models for process planning with stochastic characteristics: a case study in disassembly decision-making [J]. Computers & Industrial Engineering, 2012, 63(3):553-563.

[12] LIU J Y, ZHOU Z D, PHAM D T, et al. Service platform for robotic disassembly plan-

ning in remanufacturing[J]. Journal of Manufacturing Systems,2020,57:338-356.

[13] 国家标准委下达 14 项电动汽车国家标准制修订计划[J]. 中国标准导报, 2015(9):7.

[14] 中华人民共和国国家质量监督检验检疫总局,中国国家标准化管理委员会. 车用动力电池回收利用 拆解规范:GB/T 33598—2017[S]. 北京:中国标准出版社,2017:5.

[15] 中华人民共和国国家质量监督检验检疫总局,中国国家标准化管理委员会. 电动汽车用动力蓄电池产品规格尺寸:GB/T 34013—2017[S]. 北京:中国标准出版社,2018:6.

[16] 中华人民共和国国家质量监督检验检疫总局,中国国家标准化管理委员会. 汽车动力蓄电池编码规则:GB/T 34014—2017[S]. 北京:中国标准出版社, 2018:4.

[17] CERDAS F,GERBERS R,ANDREW S,et al. Disassembly planning and assessment of automation potentials for lithium-ion batteries[M]//KWADE A,DIEKMANN J. Recycling of Lithium-Ion Batteries. Cham:Springer,2018:83-97.

[18] WEYRICH M,WANG Y H. Architecture design of a vision-based intelligent system for automated disassembly of E-waste with a case study of traction batteries[C]// 2013 IEEE 18th Conference on Emerging Technologies & Factory Automation(ETFA). Cagliari,Italy:IEEE,2013:1-8.

[19] KAY I,ESMAEELI R,HASHEMI S R,et al. Recycling Li-ion batteries:robotic disassembly of electric vehicle battery systems[C]//Proceedings of ASME International Mechanical Engineering Congress and Exposition(IMECE). Salt Lake City,Utah, USA:ASME,2019(6):11811.

[20] 中国电子节能技术协会. 退役动力电池拆解 智能拆解技术与装备:T/DZJN 35—2021[S]. 北京:中国标准出版社,2021:6.

[21] LAI X,HUANG Y F,DENG C,et al. Sorting,regrouping,and echelon utilization of the large-scale retired lithium batteries:a critical review[J]. Renewable and Sustainable Energy Reviews,2021,146:111162.

[22] HERRMANN C,RAATZ A,MENNENGA M,et al. Assessment of automation potentials for the disassembly of automotive lithium ion battery systems[C]//Dornfeld D, Linke B. Leveraging technology for a sustainable world:proceedings of the 19th CIRP International Conference on Life Cycle Engineering,University of California at Berkeley,Berkeley,USA,May 23-25,2012. Berlin,Heidelberg:Springer,2012:149-154.

[23] ALFARO-ALGABA M,RAMIREZ F J. Techno-economic and environmental disas-

sembly planning of lithium−ion electric vehicle battery packs for remanufacturing [J]. Resources,Conservation and Recycling,2020,154:104461.

[24] YANG J,GU F,GUO J F. Environmental feasibility of secondary use of electric vehicle lithium−ion batteries in communication base stations[J]. Resources Conservation and Recycling,2020,156:104713.

[25] HERRMANN C,RAATZ A,ANDREW S,et al. Scenario−based development of disassembly systems for automotive lithium ion battery systems[J]. Advanced Materials Research,2014,907:391−401.

[26] SCHWARZ T E,RÜBENBAUER W,RUTRECHT B,et al. Forecasting real disassembly time of industrial batteries based on virtual MTM−UAS data[J]. Procedia CIRP,2018,69:927−931.

[27] SCHÄFER J,SINGER R,HOFMANN J,et al. Challenges and solutions of automated disassembly and condition−based remanufacturing of lithium−ion battery modules for a circular economy[J]. Procedia Manufacturing,2020,43:614−619.

[28] ZHOU L,GARG A,ZHENG J,et al. Battery pack recycling challenges for the year 2030:recommended solutions based on intelligent robotics for safe and efficient disassembly,residual energy detection,and secondary utilization[J]. Energy Storage, 2021,3(3):e190.

[29] GERBERS R,WEGENER K,DIETRICH F,et al. Safe,flexible and productive human−robot−collaboration for disassembly of lithium−ion batteries[M]//KWADE A, DIEKMANN J. Recycling of Lithium−Ion Batteries. Cham:Springer,2018:99−126.

[30] TAN W J,CHIN C M M,GARG A,et al. A hybrid disassembly framework for disassembly of electric vehicle batteries[J]. International Journal of Energy Research, 2021,45(5):8073−8082.

[31] CHOUX M,BIGORRA E M,TYAPIN I. Task planner for robotic disassembly of electric vehicle battery pack[J]. Metals,2021,11(3):387−404.

[32] YUAN L P,CUI J,ZHANG X Y,et al. Framework and enabling technologies of cloud robotic disassembly[J]. Procedia Computer Science,2020,176:3673−3681.

[33] WEGENER K,ANDREW S,RAATZ A,et al. Disassembly of electric vehicle batteries using the example of the Audi Q5 hybrid system[J]. Procedia CIRP,2014,23: 155−160.

[34] KE Q D,ZHANG P,ZHANG L,et al. Electric vehicle battery disassembly sequence planning based on frame−subgroup structure combined with genetic algorithm[J]. Frontiers in Mechanical Engineering,2020,6:576642.

［35］ 任伟,王志刚,杨华,等.基于神经符号的动力电池拆解任务与运动规划［J］.计算机研究与发展,2021,58(12):2604-2617.

［36］ WANG H,XIANG D,RONG Y M,et al. Intelligent disassembly planning:a review on its fundamental methodology［J］. Assembly Automation,2013,33(1):78-85.

［37］ O'SHEA B,GREWAL S S,KAEBERNICK H. State of the art literature survey on disassembly planning［J］. Concurrent Engineering,1998,6(4):345-357.

［38］ TANG Y,ZHOU M C,ZUSSMAN E,et al. Disassembly modeling,planning,and application［J］. Journal of Manufacturing Systems,2002,21(3):200-217.

［39］ LAMBERT A J D. Disassembly sequencing:a survey［J］. International Journal of Production Research,2003,41(16):3721-3759.

［40］ ZHOU Z D,LIU J Y,PHAM D T,et al. Disassembly sequence planning:recent developments and future trends［J］. Proceedings of the Institution of Mechanical Engineers,Part B:Journal of Engineering Manufacture,2019,233(5):1450-1471.

［41］ GUO X W,ZHOU M C,ABUSORRAH A,et al. Disassembly sequence planning:a survey［J］. IEEE/CAA Journal of Automatica Sinica,2021,8(7):1308-1324.

［42］ ONG S K,CHANG M M L,NEE A. Product disassembly sequence planning:state-of-the-art,challenges,opportunities and future directions［J］. International Journal of Production Research,2021,59(11):3493-3508.

［43］ YEH W C. Simplified swarm optimization in disassembly sequencing problems with learning effects［J］. Computers & Operations Research,2012,39(9):2168-2177.

［44］ 邢宇飞,王成恩,柳强.基于 Pareto 解集蚁群算法的拆卸序列规划［J］.机械工程学报,2012,48(9):186-192.

［45］ XIA K,GAO L,LI W D,et al. Disassembly sequence planning using a simplified teaching-learning-based optimization algorithm［J］. Advanced Engineering Informatics,2014,28(4):518-527.

［46］ 陈弋文,陈伟达.基于收益概率的不确定环境下的产品拆卸序列优化［J］.计算机集成制造系统,2014,20(4):793-798.

［47］ ZHANG X F,YU G,HU Z Y,et al. Parallel disassembly sequence planning for complex products based on fuzzy-rough sets［J］. The International Journal of Advanced Manufacturing Technology,2014,72:231-239.

［48］ 张秀芬,蔚刚,王磊,等.支持复杂产品并行拆卸序列规划的遗传算法［J］.计算机辅助设计与图形学学报,2015(7):1327-1333.

［49］ HSU H P. A fuzzy knowledge-based disassembly process planning system based on fuzzy attributed and timed predicate/transition net［J］. IEEE Transactions on Systems,Man,and Cybernetics:Systems,2017,47(8):1800−1813.

［50］ ZHANG Z F,FENG Y X,TAN J R,et al. A novel approach for parallel disassembly design based on a hybrid fuzzy−time model［J］. Journal of Zhejiang University:Scinece A,2015,16(9):724−736.

［51］ ZHANG C M. Optimization for disassemble sequence planning of electromechanical products during recycling process based on genetic algorithms［J］. International Journal of Multimedia and Ubiquitous Engineering,2016,11(4):107−114.

［52］ WANG H. Disassembly sequence planning for end−of−life products［D］. Winnipeg:University of Manitoba,2016.

［53］ 张雷,彭宏伟,卞本阳,等.复杂产品并行拆解建模及规划方法研究［J］.中国机械工程,2014,25(7):937−943.

［54］ ALSHIBLI M,El S A,KONGAR E,et al. Disassembly sequencing using tabu search ［J］. Journal of Intelligent & Robotic Systems,2016,82(1):69−79.

［55］ SONG X W,ZHOU W D,PAN X X,et al. Disassembly sequence planning for electro−mechanical products under a partial destructive mode［J］. Assembly Automation,2014,34(1):106−114.

［56］ LUO Y T,PENG Q J,GU P H. Integrated multi−layer representation and ant colony search for product selective disassembly planning［J］. Computers in Industry,2016,75:13−26.

［57］ SMITH S,HUNG P Y. A novel selective parallel disassembly planning method for green design［J］. Journal of Engineering Design,2015,26(10/11/12):283−301.

［58］ KANG J G,LEE D H,Xirouchakis P,et al. Optimal disassembly sequencing with sequence−dependent operation times based on the directed graph of assembly states ［J］. Journal of Korean Institute of Industrial Engineers,2002,28(3):264−273.

［59］ SMITH S,HSU L Y,SMITH G C. Partial disassembly sequence planning based on cost−benefit analysis［J］. Journal of Cleaner Production,2016,139:729−739.

［60］ MITROUCHEV P,WANG C G,LU L X,et al. Selective disassembly sequence generation based on lowest level disassembly graph method［J］. The International Journal of Advanced Manufacturing Technology,2015,80(1):141−159.

［61］ WANG H Y,PENG Q J,ZHANG J,et al. Selective disassembly planning for the end−of−life product［J］. Procedia CIRP,2017,60:512−517.

［62］ CHUNG C,PENG Q J. A hybrid approach to selective−disassembly sequence planning for de−manufacturing and its implementation on the Internet［J］. The International Journal of Advanced Manufacturing Technology,2006,30(5):521−529.

［63］ LU Z,SUN Y C,GABRIEL O E,et al. Disassembly sequence planning for maintenance based on metaheuristic method［J］. Aircraft Engineering and Aerospace Technology,2011,83(3):138-145.

［64］ MA Y S,JUN H B,KIM H W,et al. Disassembly process planning algorithms for end-of-life product recovery and environmentally conscious disposal［J］. International Journal of Production Research,2011,49(23):7007-7027.

［65］ KHEDER M,TRIGUI M,AIFAOUI N. Optimization of disassembly sequence planning for preventive maintenance［J］. The International Journal of Advanced Manufacturing Technology,2017,90(5):1337-1349.

［66］ ZHOU Z Q,DAI G H,ZHANG X Y,et al. Research of partial destructive based selective disassembly sequence planning［J］. The Open Mechanical Engineering Journal,2015,9(1):605-612.

［67］ 郭磊,张秀芬. 多重故障驱动的再制造并行拆卸序列规划方法［J］. 浙江大学学报(工学版),2020,54(11):2233-2246.

［68］ BERG L P,BEHDAD S,VANCE J M,et al. Disassembly sequence evaluation:a user study leveraging immersive computing technologies［J］. Journal of Computing and Information Science in Engineering,2015,15(1):011002.

［69］ ZHU B C,SARIGECILI M I,ROY U. Disassembly information model incorporating dynamic capabilities for disassembly sequence generation［J］. Robotics and Computer-Integrated Manufacturing,2013,29(5):396-409.

［70］ REN Y,ZHANG C,ZHAO F,et al. An asynchronous parallel disassembly planning based on genetic algorithm［J］. European Journal of Operational Research,2018,269(2):647-660.

［71］ TIAN G D,REN Y P,FENG Y X,et al. Modeling and planning for dual-objective selective disassembly using and/or graph and discrete artificial bee colony［J］. IEEE Transactions on Industrial Informatics,2019,15(4):2456-2468.

［72］ SMITH S S,CHEN W H. Rule-based recursive selective disassembly sequence planning for green design［J］. Advanced Engineering Informatics,2011,25(1):77-87.

［73］ RICKLI J L,CAMELIO J A. Multi-objective partial disassembly optimization based on sequence feasibility［J］. Journal of Manufacturing Systems,2013,32(1):281-293.

［74］ TAO F,BI L N,ZUO Y,et al. Partial/parallel disassembly sequence planning for complex products［J］. Journal of Manufacturing Science and Engineering,2018,140(1):011016.

［75］ ZHU B C,ROY U. Ontology-based disassembly information system for enhancing disassembly planning and design[J]. The International Journal of Advanced Manufacturing Technology,2015,78:1595-1608.

[76] ZHU B C,ROY U. Modeling and validation of a web ontology language based disassembly planning information model[J]. Journal of Computing and Information Science in Engineering,2018,18(2):021015.

[77] CHEN S L,YI J J,JIANG H,et al. Ontology and CBR based automated decision-making method for the disassembly of mechanical products[J]. Advanced Engineering Informatics,2016,30(3):564-584.

[78] JIANG H,YI J J,ZHU X M,et al. Generating disassembly tasks for selective disassembly using ontology-based disassembly knowledge representation[J]. Assembly Automation,2018,38(2):113-124.

[79] BERNABE J B,PEREZ G M,SKARMETA GOMEZ A F. Intercloud trust and security decision support system:an ontology-based approach[J]. Journal of Grid Computing,2015,13(3):425-456.

[80] 耿宏,王庆庆,李浩. 基于语义本体的维修拆装过程建模[J]. 机床与液压,2017,45(18):17-22.

[81] 张勋祥. 基于本体的典型零件工艺知识库构建及检索技术研究[D]. 武汉:华中科技大学,2017.

[82] QIAO L H,QIE Y F,ZHU Z W,et al. An ontology-based modelling and reasoning framework for assembly sequence planning[J]. The International Journal of Advanced Manufacturing Technology,2018,94(9):4187-4197.

[83] ZHONG Y R,JIANG C H,QIN Y C,et al. Automatically generating assembly sequences with an ontology-based approach[J]. Assembly Automation,2019,40(2):319-334.

[84] KESTEL P,KÜGLER P,ZIRNGIBL C,et al. Ontology-based approach for the provision of simulation knowledge acquired by Data and Text Mining processes[J]. Advanced Engineering Informatics,2019,39:292-305.

[85] YANG L,CORMICAN K,YU M. Ontology-based systems engineering:A state-of-the-art review[J]. Computers in Industry,2019,111:148-171.

[86] ZHONG B T,WU H T,LI H,et al. A scientometric analysis and critical review of construction related ontology research[J]. Automation in Construction,2019,101:17-31.

[87] HE Y,HAO C P,WANG Y L,et al. An ontology-based method of knowledge modelling for remanufacturing process planning[J]. Journal of Cleaner Production,

2020,258:120952.

[88] MERDAN M,LEPUSCHITZ W,MEURER T,et al. Towards ontology-based automated disassembly systems[C]//IECON 2010—36th Annual Conference on IEEE Industrial Electronics Society. Glendale,AZ,USA:IEEE,2010:1392-1397.

[89] PARK G K,BENEDICTOS J L R M,LEE C S,et al. Ontology-based fuzzy-CBR support system for ship's collision avoidance[C]//2007 International Conference on Machine Learning and Cybernetics. Hong Kong,China:IEEE,2007,4:1845-1850.

[90] BOUHANA A,ZIDI A,FEKIH A,et al. An ontology-based CBR approach for personalized itinerary search systems for sustainable urban freight transport[J]. Expert Systems with Applications,2015,42(7):3724-3741.

[91] CAMARILLO A,RÍOS J,ALTHOFF K D. Knowledge-based multi-agent system for manufacturing problem solving process in production plants[J]. Journal of Manufacturing Systems,2018,47:115-127.

[92] YANG S Y,HSU C L. An ontological Proxy Agent with prediction,CBR,and RBR techniques for fast query processing[J]. Expert Systems with Applications,2009,36(5):9358-9370.

[93] XU F X,LIU X H,CHEN W,et al. Ontology-based method for fault diagnosis of loaders[J]. Sensors,2018,18(3):729.

[94] 强韶华,罗云鹿,李玉鹏,等. 基于 RBR 和 CBR 的金融事件本体推理研究[J]. 数据分析与知识发现,2019,3(8):94-104.

[95] MATHESON E,MINTO R,ZAMPIERI E G G,et al. Human-robot collaboration in manufacturing applications:a review[J]. Robotics,2019,8(4):100.

[96] PEDROCCHI N,VICENTINI F,MATTEO M,et al. Safe human-robot cooperation in an industrial environment[J]. International Journal of Advanced Robotic Systems,2013,10(1):1-13.

[97] MORATO C,KAIPA K N,ZHAO B X,et al. Toward safe human robot collaboration by using multiple kinects based real-time human tracking[J]. Journal of Computing and Information Science in Engineering,2014,14(1):011006.

[98] 刘维惠,陈殿生,张立志. 人机协作下的机械臂轨迹生成与修正方法[J]. 机器人,2016,38(4):504-512.

[99] NIKOLAKIS N,MARATOS V,MAKRIS S. A cyber physical system(CPS) approach for safe human-robot collaboration in a shared workplace[J]. Robotics and Computer-Integrated Manufacturing,2019,56:233-243.

[100] ZHAO W Y,SUN L T,LIU C L,et al. Experimental evaluation of human motion

prediction:toward safe and efficient human robot collaboration[C]//2020 American Control Conference(ACC). Denver,CO,USA,2020:4349-4354.

[101] MICHALOS G,KARAGIANNIS P,MAKRIS S,et al. Augmented reality(AR) applications for supporting human-robot interactive cooperation[J]. Procedia CIRP,2016,41:370-375.

[102] MAEDA G,EWERTON M,NEUMANN G,et al. Phase estimation for fast action recognition and trajectory generation in human-robot collaboration[J]. The International Journal of Robotics Research,2017,36(13/14):1579-1594.

[103] LIU H Y,WWANG L H. Gesture recognition for human-robot collaboration:A review[J]. International Journal of Industrial Ergonomics,2018,68:355-367.

[104] WANG X V,KEMÉNY Z,VÁNCZA J,et al. Human-robot collaborative assembly in cyber-physical production:classification framework and implementation[J]. CIRP Annals,2017,66(1):5-8.

[105] TSAROUCHI P,MATTHAIAKIS A S,MAKRIS S,et al. On a human-robot collaboration in an assembly cell[J]. International Journal of Computer Integrated Manufacturing,2017,30(6):580-589.

[106] WANG L,GAO R,VÁNCZA J,et al. Symbiotic human-robot collaborative assembly[J]. CIRP Annals,2019,68(2):701-726.

[107] HIETANEN A,PIETERS R,LANZ M,et al. AR-based interaction for human-robot collaborative manufacturing[J]. Robotics and Computer-Integrated Manufacturing,2020,63:101891.

[108] LIU Q,LIU Z H,XU W J,et al. Human-robot collaboration in disassembly for sustainable manufacturing[J]. International Journal of Production Research,2019,57(12):4027-4044.

[109] WEGENER K,CHEN W H,DIETRICH F,et al. Robot assisted disassembly for the recycling of electric vehicle batteries[J]. Procedia CIRP,2015,29:716-721.

[110] XU W J,TANG Q,LIU J Y,et al. Disassembly sequence planning using discrete bees algorithm for human-robot collaboration in remanufacturing[J]. Robotics and Computer-Integrated Manufacturing,2020,62:101860.

[111] 刘驿轩. 基于人机协作的动力电池系统拆卸序列规划研究[D].武汉:武汉科技大学,2021.

[112] PARSA S,SAADAT M. Human-robot collaboration disassembly planning for end-of-life product disassembly process[J]. Robotics and Computer-Integrated Manufacturing,2021,71:102170.

[113] 李凯.基于人员疲劳度的人机协作拆卸序列规划研究[D].武汉:武汉理工大学,2020.

[114] GUO X W,ZHOU M C,LIU S X,et al. Multiresource-constrained selective disassembly with maximal profit and minimal energy consumption[J]. IEEE Transactions on Automation Science and Engineering,2021,18(2):804-816.

[115] 田永廷,张秀芬,徐劲芳,等.支持再制造的选择性并行拆卸序列规划方法[J].计算机辅助设计与图形学学报,2018,30(3):531-539.

[116] 郭砚荣,张秀芬.基于分布估计算法的并行拆卸序列规划研究[J].机电工程,2018,35(10):1023-1029.

[117] XING Y F,WU D M,QU L G. Parallel disassembly sequence planning using improved ant colony algorithm[J]. The International Journal of Advanced Manufacturing Technology,2021,113(7):2327-2342.

[118] HAWKINS D,HULL M L. Muscle force as affected by fatigue:Mathematical model and experimental verification[J]. Journal of Biomechanics,1993,26(9):1117-1128.

[119] LI K,LIU Q,XU W J,et al. Sequence planning considering human fatigue for human-robot collaboration in disassembly[J]. Procedia CIRP,2019,83:95-104.

[120] CHEN J T,MITROUCHEV P,COQUILLART S,et al. Disassembly task evaluation by muscle fatigue estimation in a virtual reality environment[J]. The International Journal of Advanced Manufacturing Technology,2017,88(5):1523-1533.

[121] XIA T,LAW L A F. A theoretical approach for modeling peripheral muscle fatigue and recovery[J]. Journal of biomechanics,2008,41(14):3046-3052.

[122] GLOCK C H,GROSSE E H,KIM T,et al. An integrated cost and worker fatigue evaluation model of a packaging process[J]. International Journal of Production Economics,2019,207:107-124.

[123] JABER M Y,GIVI Z S,NEUMANN W P. Incorporating human fatigue and recovery into the learning-forgetting process[J]. Applied Mathematical Modelling,2013,37(12/13):7287-7299.

[124] GIVI Z S,JABER M Y,NEUMANN W P. Modelling worker reliability with learning and fatigue[J]. Applied Mathematical Modelling,2015,39(17):5186-5199.

[125] 王伟琳.产品零部件拆卸工艺规划及评价[D].哈尔滨:哈尔滨工程大学,2011.

[126] 孟凯.泛在信息支持下寿终产品的再生决策与拆卸规划方法研究[D].南京:南京航空航天大学,2016.

[127] 刘飞,李聪波,曹华军,等.基于产品生命周期主线的绿色制造技术内涵及技

122

术体系框架[J]. 机械工程学报,2009,45(12):115-120.

[128] GUNGOR A,GUPTA S M. Issues in environmentally conscious manufacturing and product recovery:a survey[J]. Computers & Industrial Engineering,1999,36(4):811-853.

[129] TENORTH M,BEETZ M. Representations for robot knowledge in the KnowRob framework[J]. Artificial Intelligence,2017,247:151-169.

[130] GIL Y,RATNAKAR V. A Comparison of (Semantic) Markup Languages[C]// Proceedings of the 15th International Florida Artificial Intelligence Research Society Conference. 2002:413-418.

[131] MUNIR K,ANJUM M S. The use of ontologies for effective knowledge modelling and information retrieval[J]. Applied Computing and Informatics,2018,14(2):116-126.

[132] 任亚平. 废旧产品拆解序列规划问题建模与优化研究[D]. 武汉:华中科技大学,2019.

[133] 汽车电子设计. 捷豹路虎 I-pace 动力电池包拆解示意图[EB/OL]. (2019-11-19)[2022-02-10]. https://www. sohu. com/a/354676772_120044724.

[134] CHEN S L,YI J J,ZHU X M,et al. RFID-based integrated method for electromechanical products disassembly decision-making[J]. International Journal of Computer Integrated Manufacturing,2017,30(2/3):229-254.

[135] GUO X W,LIU S X,ZHOU M C,et al. Disassembly sequence optimization for large-scale products with multiresource constraints using scatter search and petri nets[J]. IEEE Transactions on Cybernetics,2016,46(11):2435-2446.

[136] Electric Vehicles Research. All EV batteries born after August 2018 in China will have unique IDs[EB/OL]. (2018-09-25)[2020-11-04]. https://www. electricvehiclesresearch. com/articles/15455/all-ev-batteries-born-after-august-2018-in-china-will-have-unique-ids.

[137] 胡迪. 机电产品拆卸规划及拆卸设计方法研究[D]. 合肥:合肥工业大学,2012.

[138] TORRES F,PUENTE S T,ARACIL R. Disassembly planning based on precedence relations among assemblies[J]. The International Journal of Advanced Manufacturing Technology,2003,21(5):317-327.

[139] TIAN G D,QIANG T,CHU J W,et al. Efficiency optimization for disassembly tools via using NN-GA approach[J]. Mathematical Problems in Engineering,2013,(2013):173736.

[140] JIANG Z G,JIANG Y,WANG Y,et al. A hybrid approach of rough set and case-based reasoning to remanufacturing process planning[J]. Journal of Intelligent Manufacturing,2019,30(1):19-32.

[141] Akmal S,Shih L H,Batres R. Ontology-based similarity for product information retrieval[J]. Computers in Industry,2014,65(1):91-107.

[142] 汤泉. 人机协作拆卸序列规划方法研究[D]. 武汉:武汉理工大学,2018.

[143] YU J P,ZHANG H,JIANG Z G,et al. Disassembly task planning for end-of-life automotive traction batteries based on ontology and partial destructive rules[J]. Journal of Manufacturing Systems,2022,62:347-366.

[144] 王运涛. 基于智能优化算法的机电产品拆卸过程规划研究[D]. 呼和浩特:内蒙古工业大学,2017.

[145] 史峰. MATLAB 智能算法 30 个案例分析[M]. 北京:北京航空航天大学出版社,2011.

[146] BIERWIRTH C,MATTFELD D C,KOPFER H. On permutation representations for scheduling problems[M]//VOIGT H M,EBELING W,RECHENBERG I,et al. Lecture Notes in Computer Science:International Conference on Parallel Problem Solving from Nature. Berlin,Heidelberg:Springer,1996:310-318.

[147] KOLUS A,WELLS R,NEUMANN P. Production quality and human factors engineering:A systematic review and theoretical framework[J]. Applied Ergonomics,2018,73:55-89.

[148] ASFAW A,PANA-CRYAN R,ROSA R. The business cycle and the incidence of workplace injuries:Evidence from the U. S. A[J]. Journal of Safety Research,2011,42(1):1-8.

[149] BEVILACQUA M,CIARAPICA F E,MAZZUTO G. Analysis of injury events with fuzzy cognitive maps[J]. Journal of Loss Prevention in the Process Industries,2012,25(4):677-685.

[150] MA L,CHABLAT D,BENNIS F,et al. A new simple dynamic muscle fatigue model and its validation[J]. International Journal of Industrial Ergonomics,2009,39(1):211-220.

[151] ROSE L,ERICSSON M,GLIMSKAR B,et al. Ergo-Index. Development of a model to determine pause needs after fatigue and pain reactions during work[J]. Computer Applications in Ergonomics,Occupational Safety and Health,1992:461-468.

[152] PEREZ J. Virtual human factors tools for proactive ergonomics:qualitative exploration and method development[D]. Toronto:Ryerson University,2011.

［153］ 凡天娣,景旭文,肖志建,等.基于本体的船舶焊接工艺知识图谱构建［J］.电焊机,2019,49(12):8-13.

［154］ 邓欣,吴松林.船舶焊接工艺评定专家系统的研究与开发［J］.材料开发与应用,2012,27(2):80-83.

［155］ 张洁,秦威.制造系统智能调度方法与云服务［M］.武汉:华中科技大学出版社,2018.

［155］ 张洁,秦威.制造系统智能调度方法与云服务［M］.武汉:华中科技大学出版社,2018.

［156］ 李伯虎,柴旭东,侯宝存,等.云制造系统3.0:一种"智能+"时代的新智能制造系统［J］.计算机集成制造系统,2019,25(12):2997-3012.

［157］ 李伯虎,张霖,任磊,等.再论云制造［J］.计算机集成制造系统,2011,17(3):449-457.

［158］ XU X. From cloud computing to cloud manufacturing［J］. Robotics and Computer-Integrated Manufacturing,2012,28(1):75-86.

［159］ 曲本豪.基于云的医疗信息化服务平台的研究与实现［D］.北京:北京工业大学,2020.

［160］ 李孝斌.云制造环境下机床装备资源优化配置方法及技术研究［D］.重庆:重庆大学,2015.

［161］ 段克华.云制造环境下挤压装备制造资源服务化封装及组合优选研究［D］.重庆:重庆大学,2020.

［162］ 唐红.云制造环境下的软件资源服务化封装技术研究［D］.北京:北京交通大学,2014.

［163］ 孔令军.云制造环境下的设计资源服务化方法研究［D］.北京:北京交通大学,2013.

［164］ 朱道恒.基于Hadoop的语义Web服务发现的研究［D］.贵阳:贵州大学,2020.

［165］ 吴涵.基于Mashup服务功能语义聚类的Web API推荐方法研究［D］.杭州:浙江工业大学,2020.

［166］ 桑一萍.基于语义Web的服务发现研究［D］.北京:华北电力大学,2020.